# 철에서
# 삶을 본다

오완수 자서전

# 철에서

# 삶을 본다

국제시장 노점에서 대한제강으로,
오완수 회장의 인생 이야기

아템포

## 서문

- 아버지를 대신하여

이 책은 고(故) 오완수 회장께서 2012년에 정리하신 글입니다. 제게는 삼촌이 되는 회장님의 동생분들과 제가 힘을 모아 이듬해 봄에 출간하려 하였으나, 회장님께서는 평생 공장만 보고 살아오셨던 당신의 삶을 책으로 내기에 적합하지 않다고 거절하였습니다. 저희는 한길로 매진하신 회장님의 삶이 다른 사람들에게 귀감이 될 수 있다고 회장님을 설득하였습니다. 거듭된 청에 출간을 허락하셨지만 한 가지 조건을 거셨습니다. 당신이 살아 있을 때에는 내지 않겠다는 것이었습니다.

회장님께서 지난해 4월 2일 영면하셨습니다. 당시 전혀 예상하지 못한 상황이었고, 우리 사회 분위기 역시 코로나19로 인해 부고를 전하고 추모할 수 있는 분위기가 아니었습니다. 그래서 일부 지인분들과 가족끼리 조용히 아버지를 떠나보냈습니다.

장례를 치르고 유품을 정리하는 과정에서 10년 넘게 묵은 아버지의 원고가 떠올랐습니다. 원고를 읽으며 저는 살아 계신 아버지를 다시 만날 수 있었습니다. 아버지의 개인적 자서전이기도 하지만, 대한제강의 역사이기도 하기에 아버지 1주기에 맞춰 출간하기로 하였습니다. 자서전을 만들면서도, 대한제강 창업 70주년이 되는 내년에 함께 계실 수 있다면 얼마나 좋을까 하염없이 생각하였습니다.

제게 아버지는 살갑거나 다정다감한 분이 아닌 무척 엄한 분이셨습니다. 묵묵히 응원해주셨을 뿐 크게 칭찬을 해주신 적도 혼을 내신 적도 없었습니다. 회사일로 기쁠 때나 어려웠을 때나 약주를 많이 드신 날에도 기분을 드러내거나 흐트러짐 없이 늘 한결같은 분이셨습니다. 이는 당신의 삶뿐 아니라 회사를 경영하면서도 마찬가지였습니다. 할아버지께서 터를 잡은 부산에서 한 우물만 파며 경영의 정도를 걸으셨던 분입니다.

회사 운영을 하면서 힘든 고비도 무척 많았지만 결코 권력에 기대거나 삿된 방식으로 해결하지 않았고, 매출이 급격하게 일어날 때도 다른 사업으로 눈을 돌리신 적이 없었습니다. 이 책을 읽으면서도 다시 한번 그런 점을 느낄 수 있었습니다. 몇 년 전 대한제강 60주년을 기념하여 사사(社史)를 만들 때에도 변변한 사진 한 장을 구하기가 힘들었습니다. 남에게 보여주는 일이나 외양을 부풀리기보다는 내실을 다지는 분이셨습니다. 사람들의 말마따나 '종교가 공장'이었던 철저한 현장주의자 '오반장'이었습니다. 30년도 넘은 낡은 사무실 책상 하나를 바꾸기보다는 동료들과 그 가족을 위한 대우에 신경을 썼던 분입니다. 돌아가시기 몇 년 전부터 제게 늘 "인마, 모든 사람은 다 재주가 있는 거야. 직원들은 경영자 하기에 달려 있으니 내가 성실하게 일하고 있는지 회사의 기본에 충실하고 모범을 보이는지 자기 자신을 먼저 냉정하게 살핀 뒤에, 직원도 보고 이해하고 아낄 줄 알아야 하는 거야"라고 말씀하셨습니다.

제가 알기로 회장님의 취미는 두 가지입니다. 공장 둘러보기와 낚시. 회장님은 입사한 후 세상을 뜨기 전까지 습관처럼 말없이 공장을 한 바퀴 두 바퀴 걷곤 하셨습니다. 휴

일에는 인근 바다로 나가 낚시를 즐기셨습니다. 건설 경기를 타는 철강회사의 특성상 매출의 편차가 심하고, 좋은 때보다 힘든 시간이 더 많았을 텐데 누구에게도 마음 편히 털어놓지 못하고, 공장을 걷고 바다를 보며 수시로 몰려드는 걱정거리들이 가슴 깊이 침전할 때까지 묵언하며 기다렸던 것은 아니었을까. 오늘 회장님을 생각하며 천천히 공장 주변을 걸었습니다. 회장님과 동행하는 느낌이 들어 잠시나마 위안과 격려를 얻었습니다.

이 서문은 '아버지를 대신하여'라는 부제가 있지만, 사실 '회장님을 대신하여'가 더 정확할 것입니다. 가족 일은 어머니에게 전적으로 믿고 맡기셨고, 회사일은 아버지께서 하셨으니까요. 그럼에도 '아버지를 대신하여'라고 부제를 붙인 것은, 회장님의 청년 시절 꿈은 다른 데에 있었으나 대한제강을 경영하게 되었던 기저에는, 창업주인 할아버지의 강력한 권유와 열 형제 중 맏이로서의 역할을 숙명으로 받아들이셨기 때문입니다. 자신보다는 어린 형제와 가족을 먼저 건사해야 했고, 회사를 맡고부터는 직원뿐 아니라 그들의 식솔들을 생각하고 챙겨야 했습니다. 가족을 부양해야 한다는 맏이 혹은 가장의 정신 같은 것이 평생 아버지의 어깨에 얹혀 있었습니다. 이 책에는 그러한 아버지의 모습이 선명하게 담겨 있습니다.

아버지는 떠나셨지만, 아버지께서 만들었던 철근들이 세상 어딘가의 건물과 다리와 도로에 튼튼한 기초 뼈대로 사용되어 건재하듯, 아버지의 삶이 보여준 가치는 우리 사회와 회사, 가족에게 어떤 경우에도 쓰러지지 않는 강도 높은 뼈대로 고스란히 남아 있을 것입니다.

아버지 오완수 회장님과 대한제강을 기억하는 분, 그리고 이 책을 읽어주시는 모든 분께 감사드립니다.

2023년 3월 봄
아버지가 쓰시던 30년도 더 된 책상에서,
오치훈 씁니다.

일러두기

· 본문은 모두 2012년에 작성된 글이다.
· 본문의 각주는 작성 시기와 출간 시기의 차이를 보완하기 위해 작성한 편집자의 주이다.

차례

## 2부 / 제강, 정금백련精金百鍊
### 좋은 쇠는 백 번의 담금질로 만들어진다



## 3부 / 압연, 갱상일루更上一樓
### 다시 한층 더 올라가 멀리 내다보고 한 단계 더 높은 수준으로 끌어올린다

# 1부

# 고철, 붕정만리鵬程萬里

원대한 뜻을 품고 긴 여정을 떠나다

# 튼튼한 쇠도 멈추면 녹이 슨다

우리 공장은 1천 도가 넘는 열기와 요란한 쇳소리로 가득하다. 그 안에서 더이상 사용할 수 없게 된 고철이 가공되어 매끈한 철근으로 새롭게 태어나는 과정은 언제 보아도 흥미롭다. 가만히 들여다보고 있으면 그 속에서 사람이 살아가는 이치와 기업이 끊임없이 생명을 얻어가는 원리를 깨닫곤 한다.

쇠를 그냥 놓아두면 금방 녹이 슬어 못 쓰게 된다. 쇠로 만든 아주 튼튼한 기계도 끊임없이 돌려주지 않으면 녹이 슬고 쓸모가 없어진다. 기업도 마찬가지다. 당장 눈에 보이는 성과에 만족하고, 이만하면 되었다고 생각하는 순간에 녹이 슬고 망가진다. 뜨거운 열기에 달구어지고 두드려 맞는 고통을 기꺼이 받아들이는 자기 변신의 노력을 기울이지 않고는 생명을 이어가며 성장할 수 없다.

1954년 '대한상사'라는 이름으로 첫걸음을 내디뎠던 대한제강은 지난 반세기 동안 성장과 발전을 이루었다. 물론 우리보다 더 큰 규모로 성장한 기업들도 있지만 이만하면 부끄럽지 않은 성과라고 생각한다. 이런 성과는 온갖 도전 속에서도 부단히 자기 변신을 시도해왔던 노력의 결과이다.

그동안 우리 회사는 범냇골의 조그만 공장에서 동래공장으로 이전하고, 현재의 신평공장과 녹산공장에 이르기까지 기존의 설비를 확장하거나 노후한 설비를 교체해 생산성을 높이고 기업역량을 높이는 데 부단한 노력을 기울여왔다. 그런 지난 과정들이 다른 사람들의 눈에는 특별한 것이 아닐지도 모르지만, 나를 포함한 모든 대한제강 직원에게는 하나하나의 과정이 각별한 의미로 다가올 수밖에 없다.

대한제강의 생산공정은 크게 두 단계로 나뉜다. 원재료인 고철을 녹여 쇳물을 만들고 빌릿이라는 중간재를 생산하는 제강공정과, 이 중간재를 다시 가열해 일정한 모양과 규격을 갖춘 철근을 만들어내는 압연공정이다.

초창기에 신평공장은 제강능력이 연간 12만 톤 정도에 불과했다. 그러나 1989년 전기로의 용량을 늘리고 부대설비를 보완하면서 생산량을 약 두 배 정도 끌어올렸다. 그후로도 지속적인 설비 보강을 통해 지금은 연간 60만 톤 규모의 제강능력과 연간 60만 톤가량의 압연능력을 가진 공장으로 거듭났다.

2001년에 준공된 녹산공장 또한 시설 보강으로 연간 40만 톤 규모의 제강능력을 80만 톤으로, 연간 22만 톤이었던 압연능력을 50만 톤으로 끌어올렸다. 이런 일련의 과정을 통해 현재 대한제강은 연간 약 140만 톤의 빌릿을 생산하는 제강능력과 연간 약 155만 톤의 철근을 생산하는 압연능력을 가짐으로써, 국내 철근제조업체 3위라는 위치에 올라서게 되었다.

이렇게 지난날 우리 회사가 생산공정을 합리화하며 규모를 키워온 과정을 아주 간단하게 설명하긴 했지만, 엄청난 투자 비용과 여러 사람의 노력, 그리고 부단한 세월이 필요했던 지난한 과정이었다. 그 과정마다 눈물겨운 사연들이 담겨 있지만, 그중에서 약 50억 원을 들여 신평공장의 압연라인을 보강하고 합리화하던 때가 가장 기억에 남는다.

당시만 해도 시설 증설은 시급한데 자금이 넉넉지 않아 일부 기계를 일본에서 중고로 들여왔다. 그런데 일본에서는 기계설비의 해외 반출을 엄격하게 제한하고 있어서 기계 자체를 분해해 고철로 수입할 수밖에 없는 상황이었다. 결국 우리 직원 3명이 4개월 정도 일본에 머물면서 기계를 전부 분해하고 닦고 포장하고 목록을 붙이는 등 세심한 작업을 마친 후에야 한국으로 들여올 수 있었다.

그런데 막상 기계를 보낼 때 문제가 생겼다. 너무 세심하게 설비를 닦고 포장한 것이 일본 세관원들의 눈에는 이상하게 보였던 것이다. 의심의 눈길을 보내는 일본 세관을 겨우 설득해 간신히 통관은 했지만 또 하나의 문제가 남아 있었다. 기계가 부산항에 도착하자 하역 인부들이 기계설비들을 고철로 취급해 마구 던지며 옮기는 것이었다. 직원들은 옆에 지켜 서서 뜬눈으로 밤을 지새우면서 기계가 망가지지 않도록 애를 썼고, 그 덕분에 무사히 압연라인 증설을 성공적으로 마무리할 수 있었다.

이런 힘든 과정들은 시설을 증설할 때마다 끊이지 않았지만, 기업을 유지하고 발전해나가려면 어쩔 수 없이 겪어야만 하는 일들이었다. 철강산업은 전형적인 장치산업이다. 그만두지 않는 이상은 끊임없이 시설투자를 해야만 경

1964년에 준공한 대한상사 시절의 동래공장 모습.

쟁력을 확보할 수 있는 그런 사업이다. 그래서 기업을 운영하다가 약간의 여유만 생겨도 설비투자를 서두르고 앞날을 준비할 수밖에 없는데, 엄청나게 많은 자금이 소요되기 때문에 누구나 쉽게 덤벼들기가 어려운 일이기도 하다.

공장을 한번 증설하려면 원재료인 고철을 얼마나 들여오고 치워야 하는지 세심하게 살피고, 지반이 기계설비의 무게를 감당할 수 있는지 검토해야 하는 등 다각도로 살펴야 할 것이 많다. 또 워낙 투자 규모와 시설 규모가 크다보니 한번 설치해놓으면 쉽게 움직이기도 어렵다. 그래서 적어도 10년은 내다보고 증설을 하지 않으면 안 된다.

그리고 아무리 의지가 굳은 사람도 경험이 쌓이지 않으면 해나갈 수 없는 것이 철강산업이다. 공장을 지어보고 증설해본 경험이 없으면 비용이 서너 배는 더 들어가게 마련이다. 공장 증설 시기를 잘 맞추지 못하면 오랫동안 자금 압박을 받아야 하기 때문에 인내심을 무척 필요로 하는 일이기도 하다. 나 또한 시행착오를 많이 겪었고, 타이밍이 맞지 않아 고생한 적이 있었다. 하지만 기업이 성장하려면 아무리 힘들어도 포기하지 않고 한 단계씩 도약하는 발판을 마련할 수밖에 없다.

# 먼 길 떠나던 날

내가 태어난 곳은 경상북도 의성군 안평면의 한 자그마한 마을이었다. 내 고향 신동마을은 겹겹이 산으로 빙 둘러싸여 있는 산골 중의 산골이다. 사방천지가 산이다보니 사람들은 우리 마을을 "하늘이 돈짝만큼 작아 보이는 동네"라고들 했다.

변변한 논도 별로 없다보니 마을 사람 대부분이 산비탈을 깎아 만든 밭뙈기에 의지하며 살았다. 이곳에서 우리 집안은 대대로 농사를 지으며 살았다. 할아버지도 아버지도 눈만 뜨면 땅에 엎드려 부지런히 농사일을 해야만 겨우 연명할 수 있는 그런 삶을 숙명으로 알고 사신 분들이었다.

1939년 가을에 나는 가난한 농사꾼 집안의 맏아들로 태어났다. 나의 유년기는 일제의 무자비한 통치가 극에 달하던 시절이다. 우리 마을도 예외가 아니어서 쌀은 추수가 끝나기 바쁘게 공출로 빼앗겼고 1년 내내 뼈빠지게 농사를 지어도 식구들 입에 풀칠조차 하기 힘들었다. 먹고살기 위해서는 대여섯 살만 돼도 소풀을 먹이러 다니고, 농사일을 거들지 않을 수 없었다.

쌀은 전부 공출로 걷어가고 남아 있는 게 보리쌀 조금, 좁쌀 조금이니 끼니때마다 먹던 것이 갱죽이었다. 산과 들에 나는 식물 중에 먹을 수 있는 건 무엇이든 닥치는 대로 넣고 좁쌀이나 보리쌀을 조금 보태 멀겋게 끓인 갱죽도 없어서 못 먹을 처지였다. 그러니 쌀밥은커녕 꽁보리밥 한 그릇도 특별한 때나 먹을 수 있는 아주 귀한 음식이었다.

한창 자랄 나이에 늘 멀건 죽만 먹다보니 돌아서면 배가 고팠다. 그래도 다행인 건 그 배고픔을 산과 들을 쏘다니며 어느 정도는 해결할 수 있었다는 것이다. 동네 아이들과 어울려 다니며 진달래나 오디를 따먹고, 메뚜기나 가재도 잡아 구워먹고, 못이나 논에서 논고동이나 미꾸라지도 잡아먹었다.

요즘은 철따라 그렇게 아이들이 자연을 체험하며 자랄 수 있도록 일부러 기회를 만들어주는 부모들도 있다고 한다. 그들 입장에서 보면 나의 어린 시절은 극히 이상적이고 낭만적이었다고도 할 수 있겠지만 먹을 것이 없어서 그렇게라도 허기를 채워야 했던 처지에서는 그저 눈물 나는 하나의 현실이었다. 그때는 다들 그렇게 살았다는 것이 그나마 위안이 될 뿐이다.

그러고 보니 일제강점기 고향 의성에서 자란 어린 시절은 공출 때문에 배고팠던 것 말고는 일제의 혹독함을 떠올릴 만한 기억은 없다. 어느 집 할 것 없이 아이가 울면 어른들이 "순사가 잡아간다"는 말로 울음을 멈추게 했던 기억은 난다. 그래서 나는 칼을 찬 일본 순사가 마을로 들어올 때마다 혹시나 날 베지나 않을까 하고 무서운 생각이 들어서 얼른 몸을 숨기곤 했다.

많은 사람에게 고향은 따뜻하고 푸근한 어머니 품속 같은 그리운 대상이다. 그러나 오랫동안 나에게 고향은 그런 좋은 느낌으로 남아 있는 곳이 아니었다. 배고프고 가난했던 기억도 기억이지만, 고향을 떠나오며 겪었던 우리 가족의 아픔이 너무 컸기 때문이다.

우리나라가 일제로부터 해방되던 날, 우리 가족은 대대로 살아온 정든 고향을 바쁜 걸음으로 떠나야만 했다. 이른 새벽, 동이 트기도 전에 우리는 고향 마을을 떠났고, 그때 내 나이 일곱 살이었다.

어머니는 보퉁이를 머리에 이고, 세 살 밑인 동생 원수를 업고 걸으셨다. 아버지는 당장 덮을 이불과 냄비 몇 개만 챙겨넣은 옹색한 세간을 등에 짊어진 채 내 손을 꼭 붙들고 걸으셨다. 생전 처음 가보는 낯선 길을 걷고 또 걸어가면서, 아직 어린아이였던 나는 왜 살던 집을 버리고 떠나야 하는지 알 수 없었다. 아마 그때는 하염없이 걸었던 그 길이 우리를 어디로 데려가고 있는지 부모님조차 알지 못하셨을 것이다.

한참을 그렇게 걸어서 온몸이 땀으로 젖고 다리가 아파 더이상은 한 걸음도 내디딜 수 없을 즈음에 우리는 기차를 탔다. 나와 동생은 영문도 모른 채 처음 타보는 기차가 그저 신기하기만 했다. 지금도 부산에서 의성까지 차로 가면 세 시간 정도 걸리니 그리 만만한 거리는 아니다. 당시 우리 가족에게는 멀고도 험한 길이었고 대단한 모험의 길이었을 것이다.

우리 가족이 고향을 떠나게 된 사연을 알게 된 것은 한참 후에 내가 어느 정도 철이 들고 나서였다. 일제 말기에 아버지는 마을을 대표해서 구장을 맡게 되셨다. 지금으로 치면 마을 이장 격인데 통틀어 50가구 정도 되는 작은 마을이다보니 성년이 된 남자들이 순번대로 돌아가면서 맡는 게 관례였다. 그런데 마침 아버지 차례가 되었을 때 태평양 전쟁이 일어났고, 면에서는 마을마다 이장을 통해 징용대상자를 징발했다. 매일같이 얼굴을 맞대며 살아온 한동네 사람들을 전쟁터로 내보내야 하는 것이 결코 쉬운 일은 아니었다. 아무런 힘이 없는 무지렁이 농사꾼이던 아버지가 그걸 피할 길은 없었다. 명령을 어겼다가는 당장에 자기 목이 달아날 판이었기 때문이다.

그러다가 해방이 되었다. 일제 35년간 받았던 설움이 한꺼번에 복받쳐오른 마을 사람들에겐 달아난 일본인들을 대신할 속죄양이 필요했을 것이다. 그리고 아버지가 그 표적이 될 가능성이 커 보이자 친지들은 혹시나 험한 꼴을 당하기 전에 마을을 떠나라고 권유했다. 그때 20대 중반의 한창 젊은 나이였던 아버지는 커가는 자식들을 보면서 힘들어도 대처로 나가는 것이 오히려 나을 거라며 한 가닥 희망을 품으셨을 것이다. 그렇게 더이상 물러설 곳이 없는 상황에서 내린 아버지의 결단은 우리 가족의 미래를 완전히 바꿔놓았다.

좋지 않은 기억을 안고 낯선 타향으로 떠나야 했건만 아버지는 그때 일을 두고 한 번도 원망 섞인 말을 하지 않으셨다.

"나라 잃고 힘없는 백성이 되면 다 그런 기지…… 그때는 나도 그렇고 동네 사람들도 그렇고 어쩔 수가 없었던 기라."

부산에 와서 어느 정도 자리가 잡힌 후에 아버지는 늘 고향 사람들을 돕고 싶어 하셨다. 고향 사람이 와서 소를 키우겠다며 도와달라고 하면 송아지를 사주고, 취직을 부탁하면 힘닿는 대로 자리를 만들어주셨다. 마을에 꼭 필요한 것이 있다고 하면 어떻게든지 마련해주려고 애를 쓰셨다. 이렇게 늘 진심으로 고향을 대하시니 지난 일을 미안하게 생각하는 사람도 많았다.

그러나 어머니는 달랐다. 지난 세월 동안 맺힌 응어리가 많으셨는지 한동안 이런 아버지를 잘 이해하지 못하셨다. 그래서 아버지는 고향에서 누가 도움을 청하면 어머니 몰래 도와주곤 하셨다. 어쩌다가 어머니가 아시게 되는 날엔 집안이 한바탕 시끄러웠다.

"고생고생하면서 우리가 이 낯선 데서 이만치 살 때까지 그 사람들이 뭘 해줬다고 당신은 만날 그라능교. 내는 마, 기억도 하기 싫은데 당신은 뭐 한다꼬……."

어머니가 그렇게 장탄식을 늘어놓으실 때마다 아버지는 딱 한마디하고는 기어이 당신 뜻대로 하셨다.

"어허, 참 시끄럽구마는. 그건 마, 내가 알아서 할 테니 맽겨놔."

나이가 들면서 나도 차츰 아버지의 그 마음을 알 것 같았다. 고향이란 그렇게 받은 것이 있든 없든, 좋은 기억으로 남은 곳이든 그렇지 않든, 그 자체로 소중한 마음의 뿌리인 것이다. 그래서 시간이 허락하는 대로 고향을 찾고, 작은 도움이나마 보태려고 애를 써보지만 아버지께서 고향을 생각하는 마음에 비할 바가 못 된다.

## 낯선 곳에 뿌리를 내리고

산과 들이 세상의 전부인 줄 알았던 산골 촌놈이 부산이라는 큰 도시에 나오고 보니 사방이 온통 신기했다. 난생처음 보는 건물이며 자동차, 전차를 구경하느라 한참을 걸어도 다리 아픈 줄 몰랐다. 그중에서도 제일 신기한 게 유리였다.

"이쪽에도 자동차가 지나가고 저쪽에도 자동차가 지나간다."

달리는 자동차가 유리에 비친 모습을 보고 동생도 신기했는지 연신 손가락질을 해대던 기억이 난다.

부산역에 내려서 우리 식구들이 찾아간 곳은 보수동에 있는 사촌누님 집이었다. 당시 사촌누님 한 분이 결혼 후 부산에 사셨는데, 그분은 일가친척을 통틀어 고향을 떠나 타지에 정착한 유일한 분이었다. 당장 갈 곳이 없었던 부모님에게는 부산의 조카딸네로 가서 신세를 지는 것 말고는 다른 선택지가 없었다.

일본인이 운영하는 양조장에서 일했던 사촌누님 내외는 해방이 되자 일본인 사장이 헐값에 넘기고 간 집에 사셨다. 덕분에 우리 네 식구는 그 집에 딸린 작은 방 하나를 빌려 몸을 의탁할 수 있었다. 지금 생각하면 헛간이나 다름없었지만 그때는 비바람을 피할 수 있는 곳이 있다는 것만으로도 감지덕지였다.

돈 한푼 없이 거의 맨몸으로 부산 생활을 시작한 부모님은 먹고살기 위해 열심히 일하셨다. 마침 사촌매형이 철물을 취급하고 있어서 아버지는 외상으로 물건을 조금 얻어 등짐장사를 시작할 수 있었다. 여기저기 돌아다니며 물건을 팔고 돈이 생기면 또 물건을 사서 팔기를 반복하는 사이에 조금씩 돈이 모였다. 그 돈으로 아버지는 조그만 리어카를 한 대 장만하셨다.

아버지는 그 리어카를 밑천으로 본격적인 철물장사에 나섰다. 장사라고 해봐야 리어카 위에 굵기대로 조금씩 봉지에 담은 못과 철사, 망치나 끌 같은 연장 서너 개가 전부

1953년 2월 8일 국제시장. (출처: 한국저작권위원회)

였으니 지금 생각하면 장사라기보다는 애들 소꿉장난 같은 것이었다. 하지만 당시 우리 식구에게 그것은 목숨줄이나 다름없었다.

아버지가 철물 노점상을 하시던 곳은 보수동 농협 건너편 국제시장으로 들어가는 입구였다. 그 당시는 해방 직후라 공장도 제대로 없었고 모든 물자가 귀했다. 요즘은 못이 흔해서 챙겨놓기 귀찮을 때 하나쯤 버리는 걸 예사로 생각하지만 그때는 달랐다. 못 하나도 워낙 귀해서 누군가 버린 자재를 뒤져 나무에 박힌 못 하나도 빼서 망치로 두드려 편 후에 팔곤 했다. 부모님은 장사하는 틈틈이 그런 것도 주우러 다니고, 고철도 모아 팔면서 차츰 부산에 정착하셨다. 어머니는 아버지의 철물장사를 도우면서 틈틈이 콩나물을 길러 장바닥에 내다팔기도 하셨다.

내가 국민학교에 입학하고 나서 딱히 돌봐줄 사람이 없었던 어린 동생은 아버지의 리어카 주변을 돌아다니며 컸다. 길 가던 사람들이 먹다가 버린 것을 주워먹기도 하면서 시장바닥을 놀이터로 여기고 자랐다.

국민학교 4학년이 될 무렵, 부모님은 악착같이 한푼 두푼 모은 돈으로 국제시장 안에 조그마한 가게를 얻었다. 당시는 국제시장이 생긴 지 얼마 되지 않아 지금처럼 규모가 크지 않았다. 해방 전까지 그곳 근처에서 밀집해 살던 일본인들이 연합군의 공습을 대비해 소개지로 비워둔 공터였다. 일본이 패망하고 임자 없는 땅이 되자 자연스럽게 사람들이 모이고 노점이 형성되면서 상설시장으로 발전한 곳이 바로 국제시장이다.

아버지가 국제시장 입구에서 노점을 하시다가 시장 안에 가게를 얻으셨을 때는 이미 땅을 싸게 불하받은 사람들이 허름한 판자 건물을 지어 칸칸이 점포를 만들고 난 후였다. 아버지는 그중에 한 칸을 구해 시세대로 값을 치르고 가게를 열었다. 지금 돌아보면 참 작은 가게였다 싶지

1958년 부산 중구 국제시장 골목길 모습. (출처: 한국저작권위원회)

만, 아버지에게 그 가게는 세상 무엇보다도 크고 귀한 것이었을 것이다. 맨주먹 쥐고 부산에 와서 비바람 맞으며 등짐장사, 리어카 장사를 한 끝에 갖게 된 내 가게였을 테니 말이다.

하지만 초창기의 국제시장은 거의 날림으로 지어져 여기저기 부실한 곳이 많았다. 어찌나 급히 지었던지 나무판에 못을 박으면서 아래쪽으로 튀어나온 못 끝도 구부리지 않았다. 그래서 한번은 동생 원수가 그 뾰족한 못 끝에 머리를 찔려 큰 변을 당할 뻔했다. 다행히 흉터만 생기고 말았지만 지금 생각하면 참 아찔한 일이다.

그렇게 허술하기 짝이 없던 시장은 한국전쟁을 치르고, 갖가지 우여곡절을 겪은 끝에 전국에서 알아주는 유명한 재래시장으로 크게 성장했다.

## 책에서 만난 더 큰 세상

부모님이 시장에서 터전을 닦아나가는 몇 년 동안 나는 거의 환골탈태에 가까운 시간을 보내고 있었다. 아무것도 모르던 시골 촌놈이 어쩌다 부산이라는 대도시에, 그것도 도심 한가운데에 던져졌으니 문화적인 충격이 꽤 컸을 텐데 나는 오히려 빠르게 부산 생활에 적응했던 것 같다.

아무래도 아이들은 그 어떤 상황에서도 어른보다 훨씬 쉽게 배우고 잘 적응한다. 당시는 요즘처럼 보고 듣는 것이 많지 않다보니 아이들 생각이 크게 복잡하지도 않았고, 단순하기만 했던 시골 생활의 경험밖에 없었던 탓에 마치 빈 도화지처럼 오히려 빠르게 변화를 받아들일 수 있었는지도 모르겠다.

지금도 그렇지만 어릴 때 나는 말이 그리 많은 편은 아니었다. 하지만 늘 여러 사람을 상대로 장사를 하며 살아가는 부모님을 보고 커서 그런지 성격이 비교적 무난해 또래 친구들과 사귀고 학교생활을 하는 데는 큰 문제가 없었다.

대청동에 있었던 남일국민학교가 나의 모교인데 국민학교 다닐 때까지만 해도 몸이 허약해 부모님이 걱정을 많이 하셨다. 어머니는 내가 아플 때마다 "촌에서 너무 못 먹고 커서 그렇다"며 가슴 아파하셨다.

그렇게 체력이 약하다보니 국민학교 때는 별로 활동적이지 않았다. 덕분에 공부에 흥미를 붙일 수 있었고 성적도 꽤 괜찮아서, 경남중학교라는 당시 명문학교에 입학할 수 있었다. 국민학교 시절엔 책을 꽤 많이 읽었는데, 특히 『수호지』와 『삼국지』 같은, 영웅들과 다양한 인간 군상의 이야기를 다룬 중국 고전소설을 재미있게 읽었던 기억이 난다. 내가 제일 좋아했던 책은 월탄 선생이 쓴 『삼국지』였는데, 너무 재미있어서 수십 번을 읽어도 질리지가 않았다. 또 『삼국지』 덕분에 나는 학교 친구들에게 꽤 인기가 있었다. 학교에 가면 늘 친구들이 내 주위로 몰려와 이야기를 해달라고 조르곤 했다. 그럴 때마다 나는 전체 이야기를 하루 몇 분씩 끊어서 신나게 들려주고, "오늘은 여기까지!" 하며 의기양양해했다. 그것이 친구들에게도 인상적이었던 모양이다. 당시 같이 학교를 다녔던 친구들을 만날 때마다 "요즘도 삼국지 읽나?" 하는 소리를 듣곤 한다.

알려진 바와 같이 『삼국지』는 유비, 관우, 장비, 이 세 사람이 복숭아꽃 만발한 화원에서 형제의 의를 맺고, 그 뜻을 모아 난세를 헤쳐가는 이야기다. 30여 년 동안 갖가지 시련을 겪으면서도 형제의 의를 잃지 않고 뜻을 이루는 과정을 담고 있는데, 장면마다 흥미진진한 이야기와 깊이 새길 만한 교훈을 담고 있다.

주인공 세 사람은 모두 한 번씩 형제의 의를 지키기 어려운 시련을 맞는다. 그러나 세 사람 모두 죽는 순간까지 젊은 날의 맹세를 가슴속에 소중히 간직했고, 숱한 난관이 있었지만 어느 누구도 처음 맺은 약속을 저버리지 않는다. 처음과 끝이 한결같은 그들의 삶에서 받은 감동은 두고두고 내게 많은 영향을 미친 것 같다.

『삼국지』에 나오는 인간상이나 무수한 사건들은 뒤에 내가 인생을 살아가는 데도 많은 도움이 됐다. 기업을 경영하면서도 어떤 상대를 보고 『삼국지』의 누구 닮았다 하고 생각하는 그런 때가 있었고, 어려울 때마다 『삼국지』의 한 장면에서 힌트를 얻기도 했다. 그러고 보니 어린 시절에 읽은 유익한 책들 속에서 얻은 지식이나 교훈이 평생에 영향을 끼칠 수 있다는 것은 내 경험에 비추어봐도 결코 틀린 말이 아니다.

국민학교 시절부터 내가 책에 흥미를 가질 수 있었던 것은 아버지의 남다른 배려 덕분이었다. 당시 비교적 책을 구하기 쉬운 보수동 근처에 우리 동네가 있었다고는 하지만 부모님의 각별한 배려가 아니었으면 내가 좋아했던 책을 마음껏 읽을 수 없었을 것이다.『삼국지』같은 책이 당장 공부에 필요한 것도 아니고, 전쟁을 겪으면서 먹고살기도 팍팍한 시절이었기 때문이다.

아버지는 많이 배운 분이 아니었는데도 자식들이 읽을 만한 책들을 사다 주는 일에는 늘 아낌이 없으셨다. 또 말보다는 손수 행동으로 사람 사는 도리를 일러주시고 묵묵하게 보이지 않는 곳에서 자식들을 배려하고 가슴 깊이 자식들을 믿는 그런 분이었다.

나는 아이들을 키울 때 그 흔한 운동회를 한 번도 가지 못했다. 그에 비해 아버지는 자식들의 학교생활을 일일이 챙기고 마음을 많이 쓰셨다. 학년이 올라가서 새롭게 반이 편성되면 그 바쁜 와중에도 한 자식도 빼놓지 않고 담임선생님을 만나곤 하셨다. 담임이 바뀔 때마다 찾아가서 어떤 면이 부족하고, 집에서 협조할 것이 무엇인지를 상담할 정도로 적극적이셨다.

아버지는 한없이 자상한 분이셨지만 우리가 잘못을 저지를 때면 무서울 정도로 엄격하셨다. "너희들 알다시피 자식이 이렇게 와글와글한데 인간 안 될 놈은 일찌감치 쫓아내야지 키우면 뭐 하겠어. 나는 인간 안 될 놈은 아예 쳐다보지도 않는다" 하시면서 사정없이 몽둥이를 휘두르셨다.

그런 일이 있을 때마다 꾀 많은 동생들은 더 안 맞으려고 일단 줄행랑을 쳤지만, 나는 늘 때리면 때리는 대로 가만히 맞고 있었다. 이런 상황에 놓이면 늘 어머니가 달려와 온몸으로 막으면서 "이놈의 영감이 내 새끼 다 죽인다" 하고 난리를 쳐야 끝이 났다. 하지만 그렇게 아버지에게 혼이 날 일이 많지는 않았던 것 같다.

아버지는 자식들이 온실 속의 화초처럼 크는 것을 원치 않으셨다. 1년에 대여섯 번씩은 우리 형제들을 데리고 바깥나들이를 하셨는데 그때마다 어렵게 살아가는 사람들의 처지를 알려주시면서 당부하셨다.

"너희들은 절대 온실 안의 화초가 되면 안 된다. 아버지가 있을 때는 비닐이라도 덮어주지만 언젠가 그 비닐은 바람이 불면 날아간다. 지금은 온실 안에서 자라지만 바깥에는 찬 바람이 불고 있다는 것을 알아야 하고, 그걸 견딜 수 있는 힘을 너희들 스스로가 길러야 한다."

그때 아버지의 이야기는 두고두고 우리 형제들의 가슴에 남아 세상을 스스로 살아갈 힘을 기르는 데 훌륭한 자양분이 되었다.

## 부산 국제시장이 키워낸 향토기업

내가 평생 살아온 부산은 근현대사의 혼돈을 거치면서 급격하게 발전해온 곳이다. 부산에서도 이런 도시의 역사와 특성을 잘 대변해주는 곳이 바로 국제시장이다. 또한 오늘날 대한제강이라는 기업에 있어서 국제시장은 강에 비유하자면 발원지와도 같은 곳이라 할 수 있다.

예전에는 국제시장을 '도떼기시장'이라고 불렀다. 그 이름의 유래에는 시장이 형성될 당시의 시대적 혼란상이 고스란히 담겨 있다. 초창기 국제시장에는 패망 후 일본인들이 남기고 간 물건들, 부산으로 몰려든 귀환 동포들이 내놓은 물건, 부산 일대의 군수창고에서 쏟아져나온 물건들에 미군정과 함께 들어온 구호물자 등이 흘러넘쳤다. 워낙 모든 물자가 귀했던 시절인데다가 시중에서 쉽게 구할 수 없었던 별의별 물건들이 다 있다보니 순식간에 전국의 장사꾼들이 몰려왔고 물건을 내놓기 바쁘게 싹쓸이해 사들여간다고 해서 붙여진 이름이다. 그후 도떼기시장은 어감이 좋지 않다는 여론에 따라 국제시장으로 불리게 됐다.

국제시장의 규모와 명성은 6·25전쟁을 겪으면서 더 커졌다. 국제시장 인근에는 피난민들이 모여 사는 거대한 판자촌이 형성되었고, 상당수의 피난민들이 국제시장에 의지해 생계를 이었으며, 전쟁의 상처를 딛고 일어나 새 삶을 꾸려갔다.

온 나라가 전란 속에 아우성치고 있을 당시, 아이러니하게도 부산은 다른 곳에서 볼 수 없는 활기로 넘쳐났다. 임시수도로서의 역할을 담당하면서 정부기관과 금융기관 등이 옮겨오고 순식간에 한 나라 정치경제의 중심지가 되었기 때문이다. 주요 피난지였던 부산의 인구는 약 2배가량 증가했고, 피난민들의 거주지와 가까웠던 국제시장은 점차 한국 경제에서 중추적인 역할을 맡게 되었다. 그 와중에 국제시장에서 벌어들인 종잣돈을 밑천으로 일어난 기업인들도 여럿 있었는데, 그 가운데 한 분이 바로 나의 선친인 오우영 회장이다.

맨주먹으로 고향을 떠나온 지 10년이 조금 못 되었을 때 아버지는 대한상사를 설립하고 본격적인 기업인의 길로 접어드셨다. 노점상부터 시작하신 아버지는 성실하고 알뜰하게 돈을 모아 국제시장 안에 점포를 얻으셨고 이후에도 꾸준히 점포 규모를 키워 소매에서 도매로 전환하며 본격적인 도매 철물상으로서의 면모를 갖추셨던 것이다. 대한상사는 이러한 약 10여 년간의 결실과도 같은 것이다.

아버지가 이룬 일들은 30대 중반의 나이에 아무런 기반도 의지할 곳도 없는 상태에서 일군 성과여서 더욱 의미가 있었다. 아버지가 성공한 사람으로서 주위의 부러움을 사면서 그토록 빠르게 자리를 잡을 수 있었던 것은 시대적인 흐름을 잘 탔던 덕도 없지 않았다. 당시는 요즘 같은 콘크리트 건물이 별로 없었고, 대부분 판자로 집을 지었기 때문에 철물의 수요가 많았다. 특히 부산은 많은 피난민들로 인해 판잣집이 급증했고, 집을 지을 때 필요한 못이나 철사 등을 사기 위해 찾아오는 사람들로 아버지의 철물점은 늘 북적거렸다.

사람들은 그런 아버지를 보고 운이 좋다고들 했다. 부산에 정착할 당시에 그나마 당장 시작할 수 있어서 했던 철물 장사가 마침 시기적절한 업종이었으니 그리 틀린 말은 아니다. 하지만 아버지의 성공이 꼭 운때를 잘 맞추었기 때문만은 아닐 것이다. 당시 국제시장에서 아버지와 비슷한 규모의 철물상을 운영하다가 망한 사람들이 부지기수다. 그리고 60년의 세월이 넘은 지금도 그 자리에서 시작할 때와 같은 규모로 여전히 철물상을 하고 계신 분들도 있다. 그런 걸 보면 같은 조건에서 출발했다고 모두 같아지는 것은 아닌 것 같다. 아버지에게는 남이 보기에 대수롭지 않을 수도 있지만, 분명히 남들과는 다른 어떤 무엇이 있었다.

아버지는 무엇보다도 신용과 의리를 중시하는 분이셨다. 그랬기에 아무런 연고도 없는 부산에서 단지 일로 만난 사람들에게 신임을 얻고 좋은 평판을 얻으며 어려운 중에도 자리를 잘 잡아갈 수 있었다고 생각한다.

대한상사를 설립하고 얼마 되지 않아 부산선재를 인수해 철강제조업에 뛰어들게 된 과정도 마찬가지였다. 범냇골에 자리잡고 있었던 부산선재는 대한상사의 주요 취급 품목인 못과 철사를 납품하던 공장이었다. 당시는 전후(戰後) 복구사업이 한창일 때라 못과 철사는 항상 품귀 현상을 보였다. 수요는 많은데 공급이 부족하다보니 물량을 확보하는 것이 중요했다. 그런데 부산선재는 회사의 재정 상태가 좋지 않아서 자재 구입에 많은 어려움을 겪었고, 제품 공급에 차질을 빚는 일이 생기자 아버지는 제품 공급을 원활하게 하려고 선수금을 지원하시곤 했다.

그러나 부산선재의 상황은 크게 나아지지 않았고, 결국 더이상 지탱하기 어려웠는지 아버지가 직접 공장을 인수하도록 권유했다. 이 제안을 받아들인 아버지는 범냇골 부산선재 공장을 인수해 대한선재로 이름을 변경하고 운영하셨다. 그리고 이 공장은 대한상사가 철물 도매상에서 철강재를 제조하는 회사로 전환하는 중요한 기틀이 되었다.

범냇골 공장 운영이 안정되고 생산 규모와 체계가 어느 정도 갖추어지자 판매도 나날이 늘어 서면에 영업소를 내기도 했다. 당시 범냇골 공장은 약 6백 평 정도의 규모로 하루 50톤에서 70톤가량의 못, 철사, 철근 등을 생산했으니 지금과는 비교가 안 되는 작은 규모다. 하지만 전쟁 직후에 제대로 된 기계시설이 거의 없는 상태에서 이뤄낸 성과였으니 결코 작다고 할 수는 없을 것이다. 오히려 내 손으로 한번 제대로 된 물건을 만들고, 기업을 일궈보자는 열망은 그 어느 때보다도 강했던 것 같다.

우리나라 철강산업은 부산에서 시작되었다고 해도 과언이 아니다. 6·25전쟁 후에 다른 지역에 비해 상대적으로 산업기반이 갖춰져 있고, 항구도시로서 항만시설이 있었기 때문에 한국 철강산업의 초창기 기업들은 대체로 부산에서 탄생했다. 우리 회사뿐 아니라 동국제강, 한국주철관, 고려제강, 극동철강 등이 1950년 중반 부산을 배경으로 탄생해 성장한 기업들이다.

아버지의 사업이 늘 탄탄대로였던 것은 아니다. 지금 생각하면 얼마 되지도 않는 돈이 없어 애써 마련한 가게가 날아갈 뻔한 일도 여러 번 있었다. 그때마다 고비를 넘기고자 안간힘을 쓰는 부모님의 모습을 옆에서 지켜보면서 어린 마음에도 세상살이가 결코 만만치 않다는 생각이 들 정도였다.

대형 화재로 국제시장 전체가 잿더미가 되는 바람에 하루아침에 모든 것이 수포로 돌아갈 큰 위기를 맞은 적도 있다. 이때도 아버지는 평소 쌓은 신용의 힘으로 다시 일어설 수 있었다. 갑작스러운 화재로 가진 것을 모두 잃었을 때 도매상이나 철물공장에서 그동안 쌓아온 아버지의 신용을 믿고 선뜻 물건을 외상으로 내주었기 때문이다. 화재 복구를 시작하면서 철물 소비가 엄청나게 늘어나고 물건이 불티나게 나가면서 오히려 전화위복이 됐다. 또 불타버린 가게를 새롭게 2층 건물로 지으면서 사업은 더 확장되었

1953년 1월 30일 발생한 부산 국제시장 대화재로 인하여 폐허처럼 변한 시장 일대.
(출처: 한국저작권위원회)

고, 그것이 나중에 대한상사를 설립하는 디딤돌이 되기도 했다.

이런저런 위기들을 이겨나가면서 국제시장에서 시작해 전국적인 중견기업이 된 업체는 대한제강 외에도 여럿 있다. 경남모직과 한일합섬, 동양시멘트와 동양제과 등이 바로 그런 기업들이다.

반세기가 훌쩍 넘는 세월이 흐르는 동안 부산에서 많은 기업이 탄생했고, 그중에 상당수가 성장하여 부산을 떠났다. 그러나 대한제강은 부산에 남아 지금껏 부산과 함께하면서 이제는 부산을 대표하는 향토기업으로 자리잡게 됐다.

1954년 선친께서 '대한상사'라는 이름으로 회사 문을 열 당시를 돌아보면 철근업계 3위의 전국적인 회사로 성장한 지금이 마치 꿈만 같다는 생각이 들 때가 많다. 돌아보면 그동안 우리나라 전반에 걸쳐 참 많은 변화가 있었다. 한국전쟁 직후인 1953년, 우리나라 1인당 국민소득은 겨우 67달러로 아프리카 최빈국과 비슷한 경제 수준이었다. 다른 나라의 원조 없이는 지탱하기 어려운 나라였고, 1960년대 초반까지만 해도 국가재정의 50퍼센트를 외부에 의존해야 했다. 그런데 지금은 1인당 국민소득이 2만 달러를 넘어섰고, 세계 10위권의 경제대국으로 성장해 다른 어려운 나라들을 돕고 있다.*

2011년 늦가을에 부산 해운대 벡스코에서는 참으로 의미 있는 국제행사가 열렸다. 세계 160여 개국 정부 대표와 40여 개 국제기구 대표 등 3천여 명이 참석한 세계개발원조총회가 바로 그것이다. 이 행사에는 반기문 당시 유엔사무총장, 힐러리 클린턴 당시 미 국무장관, 토니 블레어 전

* 참고로 한국은행 경제통계시스템에 따르면 1인당 국민총소득(GNI)은 2006년 처음 2만 달러를 넘어선 이후 2009년을 제외하고 2016년까지 2만 달러대를 유지했다. 2021년 우리나라의 1인당 국민총소득은 3만 5373달러로 집계되었고, 국내총생산 기준으로 세계 10위의 경제 규모를 보여준다.

영국 총리 등도 참석했다. 개발원조 분야에서 최고 권위를 가진 국제행사가 아시아권에서는 부산에서 처음 열린 것이다. 더욱 뜻깊고도 반가운 사실은 6·25전쟁 직후 원조물자가 들어오던 창구였던 부산이 이제는 다른 나라를 돕는 세계개발원조총회 의장국의 역할까지 수행하게 될 정도로 눈부신 발전을 이루었다는 점이다.

## 전쟁통에도 희망은 싹트고

내가 국민학교 5학년이 되었을 때 6·25전쟁이 일어났다. 뭔가 큰일이 일어나긴 한 것 같은데 당시는 어린 나이라서 그랬는지 처음엔 잘 실감이 나지 않았다. 그러나 전쟁으로 인해 우리의 일상에 많은 변화가 일어나는 데는 그리 긴 시간이 걸리지 않았다. 특히 내가 살았던 부산 국제시장 일대는 바로 옆에서 전쟁으로 인한 변화를 피부로 느낄 수 있는 곳이었다.

연합군이 부산항에 입항하자 평소에는 잘 볼 수 없었던 군용차량들이 시내를 가로질러 줄지어 어디론가 향하던 기억이 난다. 여름방학이 되자 정부가 부산으로 옮겨왔고, 전시 상황에서 부산 시내 대부분의 학교는 군인들이 사용했다. 내가 다니던 학교도 군인병원으로 쓰였다.

전국 곳곳에서 피난민들이 몰려들었고, 1·4후퇴 후에는 더 많은 사람이 몰려와 부산은 피난민들로 흘러넘쳤다. 그 엄청난 난리에 피붙이 같은 가까운 사람들의 죽음이나 피난의 고통을 겪었을 피난민들을 생각하면 부산 사람들은 그래도 운이 좋은 편이었다.

피난민들로 인해 부산 인구가 급증하면서 어딜 가나 온통 사람 천지였고, 그중 절반 이상이 피난민이었다. 내가 살던 동네와 그 인근의 산비탈은 아예 판잣집들로 뒤덮여 버렸다. 그런 환경 속에서 우리는 총성만 없었지 전쟁터와 다름없는 장면들과 매일 마주하고 살았다.

피난 온 사람들은 당장 한끼라도 해결하기 위해 고된 노동과 얼마 되지 않는 품삯도 마다하지 않았다. 그중에는 전쟁이 일어나기 전까지 대학을 다녔거나 머슴을 둔 큰부자였던 사람, 교사와 같은 안정된 직업을 가졌던 사람도 있었다. 그들도 피난살이 중에는 지게꾼, 부두노동자, 노점상으로 살아가야 했고, 먹고살기 위해 코흘리개 어린아이들까지 껌장사라도 해야 했다.

여기저기에서 밥벌이가 되는 일자리를 놓고 다툼이 벌어졌고, 자갈치시장, 국제시장 할 것 없이 길거리마다 물건을 사라고 외쳐대는 소리로 가득했다. 미군부대에서 버린 음식 찌꺼기를 모아다가 끓여 파는 꿀꿀이죽장사, 버려진 미제 깡통을 주워 반반하게 펴서 판잣집 지붕을 만들어주는 깡깡이장사도 있었다.

무슨 일이든 죽기 살기로 덤비지 않으면 살아남을 수 없는 그런 살벌한 현실을 매일매일 목격하면서 우리는 책에서는 가르쳐주지 않는 삶의 진실들을 하나둘 배워갔다.

전쟁으로 하루하루가 처절한 생존 싸움이던 암울한 사회 분위기에서도 교육열만은 대단했다. 부산 소재였던 학교뿐 아니라 피난 온 학교까지 가세해 산등성이마다 천막으로 만든 교실들이 세워졌다. 아프리카 오지를 소개하는 TV 프로그램에서나 볼 수 있을 법한 변변찮고 허술한 교실이었지만 학생들의 학구열은 대단했다. 중고등학교에 입학하기 위해 밤늦도록 공부를 했는데, 경남중학교와 같은 명문학교에 입학하기 위해서는 치열한 입시 경쟁도 치러야 했다.

당시 학생들을 힘들게 한 것은 치열한 입시 경쟁만이 아니었다. 전쟁으로 사회 전반적인 분위기가 어수선하고 거칠어지면서 사람들은 사소한 일로 패싸움을 자주 벌였고,

골목마다 지나가는 어린 학생들의 돈을 뺏는 깡패들까지 극성을 부렸다. 특히 남포동, 광복동, 자갈치시장, 국제시장, 용두산공원, 영도다리 옆 같은 곳에서는 어찌나 깡패들의 횡포가 심했는지 당시 일간지 사회면에 기사가 실릴 정도로 커다란 사회문제였다.

어른들의 삶이 팍팍하다보니 어린 청소년들도 영향을 받았다. 학생들 중에서도 깡패 흉내를 내면서 공연히 약해 보이는 아이들을 괴롭히고 돈을 뺏는 무리가 있었다. 나도 경남중학교에 입학하고 얼마 되지 않았을 때 그런 난폭한 아이들에게 걸려 아주 혼이 난 적이 있다. 그때만 해도 허약하고 작은 키에 몸집도 왜소해 만만한 상대로 보였기 때문이다.

그 일로 나는 자존심에 큰 상처를 입고, 다시는 바보같이 얻어맞고 다니지 않겠다고 결심했다. 그래서 시작하게 된 것이 권투였다. 도장까지 다니면서 열심히 권투를 배웠다. 그렇게 2년 가까이 운동을 하고 나니 체력이 좋아져 전교에서 가슴둘레가 제일 큰 학생이 되었다. 또 권투부 부장까지 맡으면서 내 성격도 적극적으로 변했고, 어느 누구와 싸움을 해도 이길 수 있겠다고 생각할 만큼 자신감이 넘쳤다.

이런 나의 변화에 고생한 건 동생들이었다. 권투 연습을 하려면 스파링 상대가 필요했고, 제일 손쉬운 상대가 동생들이었다. 때리지 않고 맞기만 하겠다며 지키지 못할 약속도 하고, 맛있는 것 사줄 테니 한 번만 상대가 되어달라고 꼬드기기도 하면서 틈만 나면 동생들과 권투판을 벌였다. 그 바람에 애꿎은 동생들이 많이 얻어맞았다.

당시엔 권투가 인기 있는 스포츠였다. 권투시합 광고가 부산 시내 곳곳에 나붙었고, 권투선수들이 멋지게 폼을 잡고 있는 광고물만 보아도 어른 아이 할 것 없이 신바람이 났다. 집 근처 학교 운동장에서는 가끔씩 권투시합이 열렸고, 동네 형들이나 친구들과 어울려 몰래 담을 넘어들어가서 경기를 보기도 했던 기억이 난다.

## 형제라는 소중한 재산

요즘엔 아이를 기르는 게 부담스러워 낳지 않거나 하나로 끝낼 것인지, 둘째를 낳을지 고민하는 사람이 많다고 한다. 60년대만 해도 집집마다 형제가 보통 대여섯은 되었던 것을 생각하면 격세지감을 느낀다. 나만 해도 열 형제의 맏이로 컸는데, 다른 집들보다 형제가 약간 많은 정도로만 여기고 자랐다.

시골 출신이었던 부모님은 비교적 이른 나이에 결혼을 하셨다. 그래서 아버지가 스무 살일 때 장남인 나를 낳으셨고, 내가 대학교 3학년 때 열번째 자식인 막냇동생이 태어났다. 요즘 젊은 사람들이 볼 때는 상상이 가지 않을 일이겠지만, 그 시절엔 이런 일이 그리 특별한 것도 아니었다.

요즘 사람들은 자식이 한둘밖에 되지 않으니까 아이들 옆에 딱 붙어서 세세한 것까지 신경을 쓰면서 키운다. 하지만 내가 자랄 때는 부모의 손길을 받기보다는 많은 형제들 틈바구니에서 스스로 알아서 크는 측면이 많았다. 특히 우리 집안은 아버지가 어느 정도 기반을 잡을 때까지 어머니가 가게 일을 도우시면서 자식들을 키우고 가게에 딸린 직원들 끼니까지 챙기느라 늘 바쁘셨기 때문에 더 그랬던 것 같다.

어머니가 빨래를 해서 속옷은 속옷대로, 양말은 양말대로 널어놓으시면 먼저 챙겨 입는 사람이 임자였다. 밥을 먹을 때도 동작이 느린 사람은 젓가락이 갈 만한 반찬은 맛도 보지 못하기 일쑤였다. 그래도 나는 장남이라고 동생들이 늘 내 몫을 남겨두었던 것 같다. 또 내가 늘 새 옷을 차지했던 반면, 동생들은 차례차례로 옷을 물려받으면서 컸기 때문에 별로 좋지 않았을 테다. 그렇게 보이지 않는 생존경쟁 속에서 자라다보니 우리 형제들은 자기 일은 자기가 알아서 하는 습관이 은연중에 몸에 배었다.

그렇지만 많은 형제들 사이에서 자라면서 좋았던 추억이 더 많다. 놀 때만 해도 숫자가 되다보니 권투시합을 하든지 딱지치기를 하든지 집안에서 다 해결이 됐다. 그래서 우리 형제들은 학교 친구들에게 왜 집에만 들어가면 나와서 놀지 않느냐는 말을 많이 들었다. 그렇게 힘이 넘치는 남자 형제만 열이나 되다보니 한창 개구쟁이 짓을 많이 할 때는 한지로 바른 문이 일주일을 못 넘기기 일쑤였다.

자랄 때 나는 동생들에게 굉장히 무서운 형이었다. 동생들끼리 싸우면 아주 무섭게 혼을 냈고, 세 살 차이밖에 나지 않는 바로 아래 동생조차 내게 한 번도 대들어보지 못하고 컸다. 이런 분위기는 많은 자식을 탈없이 키우기 위해 무엇보다도 형제간의 위계질서를 중요하게 여겼고, 특히 장남인 나를 나중에 부모처럼 여겨야 할 존재로 가르쳤던 부모님의 영향이 컸던 것 같다.

부모님은 형제간의 위계질서만큼이나 윗사람의 역할을 강조하셨다. 혹시 내가 잘못을 저지르면 "이러면 동생들이 다 본을 본다"는 한마디로 정신이 번쩍 들게 만드시곤 했다.

그렇게 어려서부터 위아래의 도리가 몸에 배어서인지 어른이 되고 각자의 가정을 꾸린 후에도 우리 형제들은 남들 눈에 아주 유난해 보일 정도로 위계질서가 철저했다. 성인이 되어 같이 사회생활을 하면서도 내가 어느 술집에서 사람을 자주 만난다는 소식이 들리면 혹시 흐트러진 모습을 보일까봐 동생들이 알아서 그 술집을 피할 정도였다. 세 살밖에 차이가 나지 않는 바로 밑의 동생이 지금까지 내게 늘 깍듯하게 대하니 다른 동생들도 따라 하지 않을 수 없다. 아버지가 일찍 돌아가시고 난 후에는 동생들이 잘못하면 혹독하게 야단을 칠 때도 많았는데, 그때마다 늘 동생들은 내 뜻을 따라주었다.

지금까지 우리 형제들 각자가 책임감 있게 행동하고, 다른 형제들에게 피해가 되지 않도록 하는 것을 암묵적인 약속처럼 잘 지켜왔다. 그 덕분에 형제가 많아도 큰 말썽없이 지금까지 잘 지내올 수 있었던 것 같아서 늘 고맙다. 남자 형제들만 있다보니 평소에는 서로 세심하게 챙기지도 못하고 무뚝뚝하기 그지없지만, 결정적인 순간이나 어려운 시기마다 동생들이 마음을 모아 일사불란하게 내 뜻에 따라주었던 것에 대해서도 항상 고마운 마음을 가지고 있다.

지금에 와서 좀 아쉬운 점이 있다면 내가 장남으로서 부모를 대신해야 한다는 생각이 강해서 동생들에게 가끔은 내 마음을 있는 그대로 보여주지 못했다는 것이다. 그래서 내가 냉정하다고 생각하고 섭섭하게 여겼을 때도 있었을지 모르겠다. 또 지금까지 동생들과 허물없이 어울려 지낸 적이 없어서인지 어느새 같이 늙어가는 지금도 여전히 나를 어려운 형님으로 여기는 동생들을 볼 때는 마음이 좀 아프기도 하다.

최근 우리나라의 출산율이 급격히 줄어들어 OECD 최하위 수준을 기록하고 있다고 한다.* 그래서 출산율을 높이기 위한 여러 가지 정책이 나오고 있지만 상황은 크게 나아질 기미가 보이지 않는다. 이렇게 아이를 낳지 않으려는 젊은이들이 많은 데는 여러 가지 이유가 있겠지만 아무래도 가장 큰 것이 경제적인 부담일 것이다. 물론 '제 먹을 것은 다 타고난다'면서 아무리 가난해도 자식 욕심만은 버리지 않던 시절과는 많이 다르다. 그래서 그 마음을 이해 못 하는 것은 아니나, 더 중요한 한 가지를 놓치고 있는 것 같아서 안타깝다.

부모는 자식을 평생 보살필 수 있는 존재가 아니다. 언젠가 부모가 세상을 떠나면 그나마 의지할 수 있는 대상이

---

* 통계청 자료에 의하면 우리나라의 가임기 여성 한 명이 가임기간 동안 낳을 것으로 예상되는 평균 출생아 수인 합계출산율은 2002년 1.178명을 기록한 이후 2016년까지 평균 1.2명을 유지하다 2017년부터 다시 떨어져 2018년 이후로 1명 이하로 하락했다. '세계인구현황보고서' 한국어판에서는 우리나라의 합계출산율이 2020년, 2021년, 2022년 3년째 모두 1.1명으로 세계 198위를 기록하여 가장 낮은 수준을 나타냈다.

바로 형제자매다. 살다보면 형제자매가 짐이 될 때도 있겠지만, 그래도 혈육이기 때문에 서로 힘이 될 때가 더 많다. 특별히 서로 뭔가 해주지 않아도 무의식중에 세상살이의 든든한 울타리처럼 마음으로 의지가 되는 것이 바로 형제자매다.

더군다나 요즘 아이들은 학원을 가지 않으면 또래 친구들을 만날 수도 없는 생활을 하고 있다. 그러니 집에 형제나 자매라도 있어야 놀이 친구도 되어주고 서로 선의의 경쟁도 하며 사회성을 기르는 좋은 경험을 나눌 수 있지 않을까. 사실 살아가면서 공부를 통해 지식을 얻는 것보다 더 중요한 것이 타인과 좋은 관계를 맺는 것이다. 형제자매가 함께 자라면 자연스럽게 관계 맺기의 기초를 닦을 수 있으니 자식을 생각한다면 관심을 기울여볼 일이다.

## 아버지의 남다른 성공비결

내가 대학에 들어갈 무렵, 아버지는 부산 시내에서 꽤 알아주는 기업인이 되셨다. 그때만 해도 보기 드물었던 자가용을 소유할 정도로 경제적으로 크게 성공하셨다. 당시 자가용이라고 해봐야 군용으로 사용했던 윌리스 지프차에 지붕을 씌우고 개조를 한 것에 불과했지만 부산 시내에 80여 대밖에 없었을 정도로 귀한 것이어서 웬만한 사람은 타고 다니기 어려웠다.

그즈음 아버지는 부산 시내의 은행장을 만나기도 하고, 상공인들의 모임이나 협회에 참가하면서 다른 사업가들을 친구로 사귀셨다. 그들 중에는 학벌이나 집안이 좋은 사람들도 제법 있었을 텐데 소학교 학력이 전부인 아버지가 어떻게 그런 사람들과 교류하고 당당하게 어깨를 나란히 할 수 있었는지 지금 생각하면 참 대단하신 것 같다. 사실 이런 생각도 세월이 한참 지난 후에나 할 수 있었을 정도로 한창 사업가로 활약하던 시절의 아버지에게는 짧은 학력이 전혀 걸림돌이 돼 보이지 않았다.

하지만 학연도 지연도 없이 오직 혼자 힘으로 기업을 일군 아버지에게 왜 남모르는 고충이 없었겠는가. 그런 고충에 좌절하지 않고 오직 성실함과 신용, 과감한 실행력과 배포라는 자신만의 재산을 밑천 삼아 어떤 일이든지 최선을 다했던 결과가 결국에는 성공으로 이어진 것이 아닐까 짐작해볼 뿐이다.

아버지는 매일 아침 5시만 되면 어김없이 일어나 세수를 마치고 제일 먼저 하는 일이 전화기를 들고 전국 주요 거래처와 통화하는 일이었다. 그렇게 하루도 빠짐없이 성실하게 거래처를 챙기면서 남들은 한두 번 해보고 포기할 일에도 악착같이 매달려 성사시키곤 하셨다.

아버지의 가장 큰 무기는 신용이었다. 경영이라 할 것도 없는 조그만 철물점을 운영할 때부터 한번 약속한 일은 철두철미하게 지키셨다. 가령 철물 도매상에서 못을 열 가마니 사야 하는데 돈이 없으면 “이걸 팔아서 열흘 내로 주겠

국제시장에서 등짐장사로 시작하여 신용과 성실을 무기 삼아 대한상사를 설립한 아버지 오우영. 가장 왕성하게 일하실 나이 쉰넷에 돌아가셨다. 회사가 어려울 때마다 공장을 돌면서 아버지 생각을 하곤 한다.

다" 하고 약속을 하고 무슨 일이 있어도 그 약속을 지키는 식이었다.

그렇게 신용이 차츰 쌓이다보니 먼저 나서서 아버지를 믿고 물건을 외상으로 주겠다는 사람도 나왔다. 하지만 아버지가 생각할 때 그걸 팔아 제때 물건값을 치르고 약속을 지킬 자신이 없으면 주저하지 않고 거절했다. 이렇게 원칙을 지킨 덕분에 거래처가 점점 늘어나고 사업이 날로 번창할 수 있었다. 그리고 사업을 떠나서 인격적인 면에서도 많은 존경을 받으셨다.

이렇게 한 발자국씩 성실하게 신용을 지키면서도 아버지는 꼭 필요한 시기에는 어떤 어려움이 있어도 치고 나가는 과감한 면이 있는 분이었다. 그 덕분에 회사를 설립한 후에 영업망을 부산뿐 아니라 전국으로 확대해나갈 수 있었고, 국내 최초로 일본과 철물 교역을 개시해 독점으로 일본 제품을 판매하는 남다른 수완을 발휘할 수 있었다.

당시엔 국산 연장들이 매우 조잡한 실정이었다. 펜치라고 해봐야 철사를 한 번 자르고 나면 이빨이 다 빠지는 수준이었고, 목수에게 필수품이던 직각자조차 눈금이 엉망이어서 직각자로 치수를 재어 집을 지으면 아귀가 안 맞는다는 말이 나돌 정도였다. 아버지는 이 점을 놓치지 않고 제조업이 강한 일본의 우수한 제품을 들여오기 위해 일본으로 건너가 담판을 짓고 정확도가 높고 내구성이 좋은 일본 제품을 수입해 국내에 전국적으로 유통할 수 있는 체계를 만드셨다. 일본에서 수입·판매한 펜치, 목수용 직각자, 대패, 끌, 스패너 등은 날개가 돋친 듯 팔려나갔다. 그 덕분에 이윤을 많이 남겨 부산선재를 인수하고 철물제조업에 뛰어들어 대한상사의 성장을 가속화할 수 있었다.

아버지는 배포가 큰 분이기도 했다. 전무 직책을 맡고 아버지를 도와 회사일을 하면서 자금이 부족해 고생하고 있을 때였다. 어음을 결제해야 할 기간이 얼마 남지 않았는데, 엄청난 액수라서 막을 길이 전혀 보이지 않았다. 그때 아버지의 건강이 좋지 않았기 때문에 의논도 못 하고 혼자 끙끙 앓듯 고민만 하고 있었는데, 나의 어두운 얼굴을 읽으셨던지 아버지가 먼저 물어오셨다. 어음 결제 기간이 3일밖에 남지 않았다고 대답하자 아버지는 호되게 야단을 치셨다.

"그까짓 일로 회사 문을 닫진 않는다. 사나이가 되어서 그만한 배짱도 없이 회사를 운영하겠나. 3일이면 아직 시간이 많이 남았는데, 그렇게 죽을상을 하고 있다는 게 말이 되나. 지금 당장 죽는 한이 있어도 남자답게 대담해야지, 3일이나 앞장세워놓고 무슨 걱정을 그리 하노."

아버지의 호통에 정신이 번쩍 들었다. 그 길로 직접 발이 닳도록 거래처를 쫓아다녔더니 어음을 결제할 수 있는 금액의 두 배가 되는 돈이 모였다.

당시의 경험을 통해 나는 사업이라는 것이 그냥 걱정만 하고 앉아 있어서는 되는 일이 아무것도 없다는 사실을 깊이 깨닫게 됐다. 그후로는 어떤 어려움이 닥치더라도 아버지께 배운 대로 있는 힘껏 최선을 다하고, 그 결과에 대해서는 절대 미리 걱정하지 않는 강단과 배짱을 가질 수 있게 되었다. 아버지는 그렇게 기업가로서도 나에게 말보다는 몸으로 많은 것을 가르쳐주셨던 훌륭한 스승이었다.

# 후회 없는 방황

나를 비롯해서 밑의 동생들까지 줄줄이 경남중학교로 진학하자 "대한상사네 자식들은 모두 공부를 잘한다"며 주변에서 많이들 부러워했다. 이런 평판은 아버지의 가장 큰 기쁨이고 보람이었다. 아버지는 자식들 공부 욕심이 유난한 분이셨고, 형편이 어려울 때도 늘 공부 뒷바라지를 최우선으로 여기셨다.

아무래도 소학교만 겨우 나온 당신의 짧은 학벌에 대한 아쉬움이 컸기 때문일 것이다. 기업인으로 자리를 잡는 동안에 아버지는 딱히 기댈 만한 인맥이 없었다. 사업이라는 것이 학벌이나 인맥으로 되는 것은 아니지만, 어려울 때 서로 마음이라도 보태줄 동기동창 하나 없다보니 남보다 몇 곱절 더 고달팠을 것이다. 물론 스스로 남다른 노력을 하면서 사회에서 많은 친구를 만들기는 하셨지만, 그런 고충을 자식들에게는 물려주고 싶지 않으셨던 것 같다.

특히 장남인 나에게 아버지는 각별한 관심과 정성을 쏟았다. 경남중학교를 졸업하고 경남고등학교에 진학하는 것만으로도 충분한데 아버지는 나를 기어이 서울에 있는 경기고등학교로 진학시켰다. 할 수만 있다면 장남을 최고로 키우고 싶었던 아버지의 욕심 덕분에 나는 경남중학교, 경기고등학교, 고려대학교를 거치면서 남부럽지 않은 학벌과 동기동창의 연을 만들 수 있었다.

당시 경기고등학교는 대한민국에서 손꼽히는 명문이었다. 남학생은 경기고, 여학생은 경기여고를 제일로 칠 정도로 많은 이들이 선망하는 학교였다. 아버지가 나를 그런 명문 고등학교에 보낼 수 있었던 것은 당시 달라진 학제의 덕도 있었다. 그전까지만 해도 경남중학교에 입학하면 자동으로 부산 경남고등학교에 진학했다. 중등교육과정이 중고등학교 통합으로 운영되는 6년제였기 때문이다.

그런데 1951년에 학제가 바뀌었다. 부산의 임시수도에서 운영되던 피난국회에서 교육법을 개정해 전국의 모든 중등교육이 중학교 3년, 고등학교 3년으로 분리되었고 치열한 중학입시를 뚫고 입학한 우리 동기들은 다시 고교입시의 경쟁을 치른 후에야 자신이 원하는 학교에 진학할 수 있었다.

다행히 내가 경기고등학교에 합격할 수 있었던 것은 내가 대단한 수재였다기보다는 당시 고교입시에서 경남중학교가 탁월한 실적을 올려 세간의 화제가 될 만큼 잘 지도해 주신 훌륭한 은사님들 덕분이다. 그러나 경기고에 입학한 기쁨도 잠시뿐이었다.

"부산에서 올라온 촌놈이 자리를 차지하는 바람에 내 친구들이 기회를 빼앗겼다. 가만히 두고 볼 수 없다."

경기고등학교에 진학하자마자 나를 기다리고 있던 것은 경기중학교 출신들의 괴롭힘이었다. 당시 경기중학교 출신의 학생들은 타교에서 진학한 동급생에 대한 적대감이 컸다. 같은 중학교를 다니던 친구가 고교입학시험에 떨어져 부득이하게 다른 학교로 진학해야 하는 경우가 종종 있었기 때문이다. 내가 2학년으로 올라갈 무렵에는, 고교입시를 앞둔 경기중학교 학부모들이 졸업생 전원을 무시험으로 진학시켜달라고 강력하게 요구할 정도였으니, 어린 학생들이 그렇게 나오는 것도 무리는 아니었다. 당시엔 나뿐만 아니라 부산을 비롯한 타지에서 경기고로 진학한 학생이라면 누구나 한 번쯤은 비슷한 경험을 했을 것이다.

학교만 가면 늘 시비를 걸면서 작정하고 덤비는 애들 때문에 제대로 학교생활을 하기가 무척 어려웠다. 경남중학교 권투부 부장 출신에 체격도 좋아 누구랑 시비가 붙어도 싸워 이길 자신이 있었던 나는 그런 상황을 참고 넘기지 못했다. 더구나 부모를 떠나 서울에서 혼자 생활하는 자유로운 입장이니 패거리를 지어 몰려다니고 싸움질해도 옆에서 뭐라 할 사람이 없었다.

서울로 유학까지 보내놨는데 아무래도 하는 꼴이 영 아니다 싶을 때마다 아버지가 찾아와 혼을 내시기도 했다. 한번은 내가 없는 사이에 방안 벽장문을 열었더니 술병이 와르르 쏟아진 통에 호되게 야단을 맞기도 했다. 그렇게 혼이 날 때마다 이래선 안 되겠다 하고 마음을 굳게 먹었지만 매번 뜻대로 되지 않았다.

학교에만 가면 "네가 그렇게 싸움을 잘한다며? 정말인지 나랑 한판 붙어보자" 하고 덤비는 아이들이 나타났다. 그렇게 나는 고등학교 2학년 때까지 '이젠 힘자랑하는 것도 지겹다' 할 정도로 싸움질하고 다녔고, 그때는 어려서 그것을 남자다운 것으로 여겼다.

공부는 뒷전이고 늘 싸움질이나 하고 방황하는 사이에 어느덧 대학입시를 앞두게 되었다. 고3 시절에 내 성적은 전교 390등이었다. 전교생이 450여 명이었으니 겨우 꼴찌를 면한 아주 형편없는 성적이었고, 아무리 전국의 수재들이 모인 명문고라고 해도 그런 성적으로는 대학 진학이 쉽지 않을 것 같았다.

'장남이라고 부모님이 고생해서 번 돈으로 서울까지 유학을 보냈는데 이래서는 안 되겠다. 동생들에게 모범이 되어야 하는데 이제 더이상 시간을 허비할 수 없다.'

그제야 정신이 번쩍 들어 죽기 살기로 공부만 하자고 결심했지만, 그동안에 놀던 가락도 있고 학교만 가면 벌어지는 예상할 수 없는 상황이 걱정스러웠다. 어떻게 하면 한판 붙자 하고 덤비는 아이들을 피해 공부를 할 수 있을까 하고 궁리를 하던 끝에 나는 술을 한 병 사들고 담임선생님을 찾아갔다. 그리고 마음먹고 공부를 좀 하려고 하니 3개월 동안만 집에서 공부하게 해달라고 부탁을 드렸다.

선생님은 제자의 굳은 다짐을 믿어주셨고, 방학을 포함해 3개월간 결석 처리가 되지 않도록 배려해주셨다. 그 길로 나는 집에 틀어박혀 뒤처진 공부를 보충하는 데 전념했다. 드디어 약속한 3개월이 지나고 9월 신학기가 시작되었다. 나는 새 학기 첫 시험에서 전교 130등을 했다. 숫자상으로는 별것 아닌 등수일지 모르지만 390등에서 한 번에 260등이 뛴 것이니 나로서는 대단한 결실이었다. 게다가 경기고가 워낙에 공부 좀 한다 하는 수재들이 모인 곳이라 단박에 등수 올리기가 쉽지 않다는 걸 감안하면 더욱 그렇다. 나 같은 경우는 모르긴 몰라도 경기고 역사상 찾아보기 힘든 사례일 것이다.

그 일을 계기로 나는 완전히 달라졌다. 주먹과는 아예 담을 쌓고 오직 공부에만 열중했다. 주변에서 사람이 저리 달라질 수 있나 하는 소리를 들을 정도로 공부하는 재미에 빠졌고, 이런 변화는 대학 진학 후까지 이어졌다.

당시 경기고등학교는 전국에서도 워낙 실력 있는 학생들이 많이 모이다보니 전교생의 절반이 서울대학교로 진학했다. 성적이 오르면서 나도 이제 그 대열에 합류할 수 있겠다 싶었지만 그전까지 워낙 공부를 안 했기 때문에 담임 선생님이 권하는 대로 고려대학교에 입학원서를 썼다.

어쩌다가 학창시절이 화제에 오를 때마다 나는 "주먹 자랑만 하며 공부도 안 하고 놀기만 한 학생"이었다고 얘기했다. 그때마다 "생전 누구랑 시비하거나 큰소리 내는 걸 못

봤는데……" 하며 못 믿겠다는 표정을 짓는 사람이 많았다. 그러면 나는 "그 시절 경기고에서 서울대 못 간 것만 봐도 알지 않소" 하고 웃어넘겼다.

물론 내가 그때 서울대학교에 가지 못한 것을 후회하는 것은 아니다. 아버지가 그냥 경남고등학교로 진학시키고 곁에 두셨더라면 나의 방황이 애초에 없었거나 있었다 하더라도 빨리 끝났을지 모를 일이고, 덕분에 서울대학교로 진학할 수 있었을지도 모르겠다. 하지만 지금까지 경기고등학교 시절을 후회해본 적은 없다.

돌아보면 지난 칠십 평생 중 그때만큼 제멋대로 살아본 적도 없다. 비록 부모님께 걱정을 많이 끼쳐드리긴 했지만 내 인생에서 가장 자유로웠던 시절이 바로 그때가 아니었나 싶다. 그때는 가족들과 거리상 떨어져 있다보니 장남이라는 압박감이나 동생들에게 모범을 보여야 한다는 의무감도 상대적으로 덜했던 것 같다.

누구나 순탄한 삶을 원하지만 방황하는 시절이 없을 수는 없다. 그리고 한때의 방황은 인생을 살아가는 데 오히려 약이 될 수도 있다. 나도 그런 때가 있었기에 다른 사람을 좀더 이해할 수 있게 되었고, 내 인생에 주어진 의무들에 대해서도 크게 억울한 마음 없이 받아들일 수 있었던 것 같다.

청춘의 방황은 자신에게 당연하게 주어진 모든 것을 한 번쯤 부정하고 속속들이 해체시켜 다시 자신의 힘으로 긍정하는 과정이다. 살아가면서 한 번은 정해진 궤도를 이탈해보는 것도 훗날 세상을 살아가는 데 보이지 않는 윤활유가 된다. 무엇보다 고교시절의 방황이 없었다면 내 인생이 너무 재미없지 않았을까 하는 생각이 든다.

## 내리사랑과 치사랑

누구도 자신할 수 없는 것이 건강이지만 나는 지금까지 체력이 좋다는 말을 많이 듣고 살았던 것 같다. 전날 밤에 아무리 늦게 귀가하거나 술을 많이 마셔도 새벽이 되면 어김없이 일어나 출근하고, 잠이 부족할 때도 차 안에서 잠깐 토막잠을 자고 나면 금방 쌩쌩해지니 평소 나를 보아온 주변 사람들이 그리 생각할 법하다.

지금은 건강 때문에 자제하고 있지만 젊어서부터 나는 술자리를 즐기는 편이었다. 그런다고 매일 열심히 운동하고 특별히 체력을 관리하는 것도 아닌데 다른 사람들보다 건강한 편이어서 부러움을 살 때가 많았다. 지금까지 두 번의 암수술을 받았을 정도로 크게 건강이 나빠졌을 때도 다행히 잘 극복했고 비교적 회복이 빠른 편이었다. 주변에서는 타고난 건강체질이라고들 하지만 사실 내가 이만큼 건강을 유지할 수 있는 바탕을 만든 데는 어머니의 공이 아주 컸다. 그건 다른 형제들도 마찬가지다.

우리 형제들이 자랄 때 어머니는 늘 몸뻬 차림으로 일에 파묻혀 사셨다. 그렇게 검소하게 살림을 꾸리고 부지런히 아버지의 일을 도우면서 어머니는 조금씩 돈을 모으시기도 했다. 언젠가는 집에 불이 났을 때 우리 형제들을 모두 챙기신 후 어머니가 유일하게 들고나온 베개 속에서 한푼 두푼 모아둔 돈이 나와 식구들을 놀라게 하셨다. 얼마나 오래 모으셨는지 어머니의 베개 속에서는 당시 기와집 한 채를 살 정도의 돈이 나왔고, 그 돈은 화재로 막막했던 때에 아주 요긴하게 쓰였다.

아버지와 달리 어머니는 자식들 공부에는 별로 관심이 없으셨다. 막냇동생이 어릴 때 경제적으로 제법 여유로웠던 아버지가 사립초등학교에 입학시키고 싶어 하셨을 때도 왜 형들처럼 일반 학교에 보내지 않고 돈 드는 사립학교에 보내려고 하느냐며 반대하실 정도였다. 동생들이 공부를 게을리할 때도 크게 나무라지 않고 오히려 동생들 편을 드셨다.

어머니는 자식들 공부보다는 잘 거두어 먹이는 일에 더 관심이 많은 분이었다. 자식들 중 어느 하나 몸이 약하거나 체력이 떨어지지 않도록 하는 일은 어머니에게는 매우 중요한 일이었다.

서울에서 대학을 다니던 시절 등록금이나 하숙비를 보내주실 때 책을 사야 하니 돈을 더 부쳐달라고 하면 안 들어주셨지만, 체력이 떨어져서 고기라도 좀 사 먹고 체력을 보강해야 할 것 같다고 하면 돈을 제법 넉넉히 보내주시곤 했다. 그만큼 어머니는 자식들 건강에 신경을 많이 쓰셨고, 이 점을 잘 알았던 우리 형제들은 체력 보강을 빌미로 필요한 용돈을 타 쓰곤 했다.

어머니는 맹목적이라고 할 정도로 자식들을 생각하셨다. 그래서 때로는 지나치다 싶을 만큼 다른 사람들은 잘 이해하지 못할 구석도 있었다. 특히 장남이었던 나에 대한 어머니의 애정은 각별했다. 동생들과 함께 있을 때도 어머니는 제일 먼저 나부터 챙기셨다.

아버지가 돌아가시고 내가 실질적인 가장이 되면서 가끔 어머니와 의견이 충돌할 때도 있었지만 그때마다 나는 되도록이면 어머니가 만족할 만한 방향으로 맞춰드리곤 했다. 내 생각과 다를 때도 있었지만 옳고 그름을 따지기보다는 어머니가 편안할 수 있는 쪽을 선택했던 것이다. 효도라는 것이 때로는 남들 눈에 이상해 보이는 일일지라도 결국 부모가 좋아하는 일을 하는 것이라고 생각했기 때문이다.

옛날이야기가 하나 있다. 이웃에 굉장한 효자가 났다는 소문을 듣고 어떤 사람이 어떻게 하면 효도를 잘할 수 있을까 하고 효자가 있다는 집으로 찾아갔다고 한다. 그런데 가만히 보니 천하에 그런 불효자가 없었다. 산에서 나무를 하고 돌아와 마루에 걸터앉은 아들은 노모가 세숫대야에 물을 받아 제 발을 씻기는데 손가락 하나 까딱하지 않았다. 뭔가 단단히 잘못되었다고 생각했던 이웃 사람이 고을 원님에게 찾아가 일러바쳤고, 결국 이들 모자가 잡혀가게 되었다.

그런데 그 어머니가 원님에게 하는 말이, 매일 그렇게 아들의 발을 씻겨주지 않으면 밥이 안 넘어간다는 것이었다. 또 아들의 말은 어머니 힘들다고 자신의 발 씻기를 못하게 하면 어머니는 밤새 잠을 못 자고 앓아눕는다는 것이었다. 이 말을 들은 고을 원님은 효도라는 것이 꼭 이래야 한다고 정해진 게 아니라, 어떤 일이든 부모가 좋아하는 일을 따르는 것이 진정한 효도라는 판결을 내렸다고 한다.

내리사랑은 있어도 치사랑은 없다는 말이 있다. 윗사람이 아랫사람을 위하는 만큼 아랫사람이 윗사람을 생각하기 어렵다는 얘기다. 부모가 자식에게 늘 한없는 사랑을 베풀지만, 자식은 아무리 해도 그걸 따라가기 어렵다. 그 어려운 것이 효도이니 자식 된 도리로 할 수 있는 것은 어떻게 하면 부모님이 더 편안할 수 있을까 보살피는 일이 아닐까 싶다. 그런 점에서 나는 늘 최선을 다했다고 생각하지만 어머니가 계시지 않는 지금에 와서 돌아보면 참 부족하고 아쉬운 것이 많다.

# 가보지 못한 길

2007년 〈고대교우회보〉*에서 아주 흥미로운 글을 한 편 읽었다. 교우회 1백 년을 기념하는 특집 코너에 실린 것인데, 이 글에서 박관용 전 국회의장은 '아남민국 모의국회'에 참가한 것이 본인의 정계 입문 계기가 되었다고 회고했다. 글을 읽으면서 나도 오랫동안 잊고 지냈던 대학 시절을 추억하는 즐거움을 맛보았다.

'아남민국 모의국회'라고 하면 생소하게 여기는 사람이 많을 것이다. 그런데 내가 대학을 다닐 때만 해도 고려대 학생들은 물론이고 전국의 대학생들에게도 상당히 많은

---

* 2007년 4월호.

관심을 받았던 유명한 행사였다. 당시 고려대 정치학회에서 주관한 '아남민국 모의국회'는 젊은 대학생들이 참여해 주요 정치경제 이슈를 주제로 열었던 일종의 가상 국회다. 1949년부터 매년 개최했던 전통 있는 행사로, 내가 대학을 다닐 무렵만 해도 전국의 정경대 학생들에게 대단한 선망의 대상이었다.

몇몇 다른 대학에서도 비슷한 모의국회 행사를 열었지만 고려대의 행사가 가장 유명했다. 모의국회에 참여했던 타 대학 학생들 중에는 편입시험을 쳐 고려대학교로 학교를 옮긴 경우가 있었을 정도였다. 하지만 지금은 학과 단위의 행사로 축소되어버렸다고 하니 안타까운 마음이 든다.

1959년 10월 말에 열린 '제9회 아남민국 모의국회'에서, 당시 대학교 3학년이었던 나는 국회 농림위원장을 맡아 농지법 개정안에 대한 법률심사보고서를 낭독했다. 농림부 장관을 맡았던 정치외교학과의 조남조라는 친구가 내 뒤를 이어 제안 설명을 했고, 이에 대해 여야 의원으로 역할을 나눈 2백여 명의 학생들이 열띤 토론을 펼쳤다. 고려대학교 학생들은 여당, 전국의 타 대학 학생들은 야당이 되어 치열한 입법 논쟁을 벌였던 기억이 난다. 그날 학생들의 토론 열기가 어찌나 뜨거웠던지 오전 8시에 개회했는데, 오

'아남민국 모의국회'는 정치와 사회에 뜻있는 학생들의 열띤 토론장이었다. (출처: 〈고대교우회보〉)

후 7시가 되어서야 끝이 났다.

그때 우리 대학뿐 아니라 다른 대학들까지 나서서 대표를 뽑아 오랜 기간을 두고 준비했었다. 모의국회 대의원으로 나갈 학교 대표를 선발하기 위해 연설대회를 여는 대학도 있을 정도였다.

당시 내가 다니던 경제학과는 상과대학이 아니라 정치외교학과 등과 함께 정경대학에 속해 있었다. 나는 대학 생활 동안 학회 활동을 했기 때문에 자연스럽게 '아남민국 모의국회' 행사에 참여할 수 있었다.

이 행사는 일간지에 개최를 알리는 기사가 실릴 정도로 세간의 주목을 받기도 했다. 이런 관심은 자유당 시절의 혼란스러운 정치 상황을 반영한 것이었다. 당시에도 국회는 서로 멱살을 잡고 싸움을 하는 일이 많았고, 국민들에게 좋지 못한 평가를 받고 있었다. 그래서 순수한 열정을 지닌 젊은 대학생들이 모여 개최하는 모의국회에 눈길이 갔던 것이다. 우리 학교 학생들도 진정 국민이 원하는 국회의 모범을 보이겠다는 생각으로 아남민국이라는 국호까지 붙이면서 각자의 생각과 주장을 담아 열띤 토론을 펼쳤다.

모의국회의 안건 토론 과정에서 각 대학 대표로 참가한 학생들은 서로 발언권을 얻기 위해 노력했고, 각자 나름의 지식과 생각에서 이치에 맞지 않는 주장이 나오면 치열하게 공방을 벌였다.

'아남민국 모의국회'는 대학생들이 우리 사회를 더 넓은 시각에서 바라보고, 올바른 대안을 생각하며 각자의 주장을 토론을 통해 실현하는 좋은 교육의 장이기도 했다. 이 행사에 참여한 경험을 바탕으로 훗날 실제 국회나 행정부로 진출해 한국 정치사의 한 획을 그은 인물이 나오기도 했다. 고려대학교 교우회보를 통해 '아남민국 모의국회'와의 각별한 인연을 회고했던 동아대학교 출신의 박관용 전 국회의장도 그중에 한 사람이다.

모의국회에서 심도 있게 다룬 여러 정치사회 문제들을 보며 청년 지식인들이 무엇인가 해야 한다는 사명감을 강하게 느꼈던 이들도 있었다. 특히 고려대 학생들 중에서 그런 이들이 많아, 내가 '아남민국 모의국회'에 참여했던 다음해 4·19가 일어났을 때는 주역이 되어 싸우기도 했다. 4·19가 났을 때 고려대 학생들이 제일 먼저 앞장을 서고, '아남민국 모의국회'에 참여하면서 인연을 맺었던 학생들이 주축이 되어 전국적으로 번져나갔다.

4·19시위를 주도한 것이 계기가 되어 최연소 국회의원으로 정계에 진출했고 뒤에 민주당 총재까지 지낸 이기택 전 의원, 체육부 장관을 지내면서 86아시안게임과 88서울올림픽을 성공적으로 개최하는 데 공헌했던 이세기 전 의원 등도 학창시절 학생회에서 같이 활동했던 고대 친구들이었다.

대학 시절에 나는 속한 학과의 분위기도 있고, 정치사회 문제에 관심이 많은 친구들과 자주 어울리면서 나름대로 뜻한 바가 있어서 약 2년간 행정고시 공부에 매달린 적이 있다. 그러나 가업을 이어받아 열 형제의 장남으로서 책임을 다해야 한다는 아버지의 강력한 주장에 포기할 수밖에 없었다. 아버지는 가업을 꼭 장남이 이어야 한다는 생각이 아주 강한 분이셨다.

나는 사업적으로는 상당한 성취를 이루었지만 미처 몸을 돌볼 겨를이 없어 건강상태가 그리 좋지 않았던 아버지의 뜻을 거역할 수는 없었다. 또 어릴 때부터 장남으로서 동생들에 대한 책임감을 많이 느끼고 자랐기 때문에 어떤 행동도 경솔하게 할 수 없었다.

대학 졸업 후 군에 입대하고, 제대 후 대한제강에 정식으로 입사하는 그 몇 년 사이에 대학 시절 함께 꿈을 꾸던 다른 친구들과는 전혀 다른 길로 접어들게 되었지만 크게 후회하지는 않는다.

만약 그때 내가 원하던 대로 고시 공부를 하고 공직자의 길을 걷거나 정계로 진출했다면 청춘에 품었던 꿈을 실현할 수도 있었을 것이다. 하지만 아버지가 애써 일군 기업이 어떻게 되었을지 알 수 없는 일이다. 물론 동생들이 많으니 그중에 하나가 나를 대신할 수 있었을지도 모르겠으나 나로서는 자기 도리를 다하지 못했다는 생각으로 늘 마음에 걸렸을 것 같다. 또 기업을 경영하면서 어려운 고비를 맞아 힘겹게 넘길 때마다 한편으로 일찍 내 길을 포기하고 이 길로 들어서길 잘했다 싶은 생각이 들곤 했다. 그러지 않았다면 내 동생들 중에 누군가가 이 무거운 짐을 짊어지고 힘들어했을 것이기 때문이다.

'아남민국 모의국회'에서 발표하고 있는 대학생. (출처: 〈고대교우회보〉)

# 열 형제의 맏며느리

아내를 처음 만난 것은 육군 상등병으로 군대 생활을 하고 있을 때였다. 교육자인 장인어른의 제자가 주선한 맞선자리에서 얼굴을 한 번 보고, 보름 만에 혼삿날이 잡히는 바람에 우리는 제대로 된 연애 한번 해보지 못하고 결혼했다.

이제 와서 생각하면 웃음이 날 정도로 서둘러 한 결혼이었지만 그때는 집안은 물론 당사자들도 아주 자연스러운 일로 받아들였다. 알고 지낸 기간은 아주 짧았지만 더 알아보고 겪어볼 필요를 느끼지 못했을 만큼 서로 마음에 들었기 때문이 아닐까 하는 생각이 든다.

내가 아직 군인이라 나도 없는 집에서 아내는 줄줄이 시동생들을 건사하며 힘들게 신혼을 보냈다. 어머니가 아버지의 일을 돕느라 바쁘셨기 때문에 결혼 초부터 아내가 살림을 맡아 동생들을 돌봐야 했다. 그때는 요즘처럼 부엌에 늘 뜨거운 물이 나왔던 것도 아니고, 연탄불에 음식을 해 먹던 그런 시절이었다. 그런데도 한 달에 쌀 두 가마니 반을 먹었을 정도로 대식구였던 살림살이를 아직 나이 어린 새댁이 어떻게 감당해냈을까 신기하면서도 미안하다는 생각이 든다. 아내는 도시락을 매일 일곱 개씩 싸며 시동생들을 키우다시피 했고, 그런 아내를 보고 동네 사람들이 고아원 보모 같다고 이야기할 정도였다.

한번은 퇴근하고 집으로 걸어가던 중, 아내가 앞서 걸어가고 있는 것을 발견하고는 알은척 않고 뒤따라갔었는데 그날따라 분위기가 이상했다. 아내는 계속 울면서 집으로 가고 있었다. 나중에야 안 사실인데 국제시장에서 일하는 어머니에게 생활비를 타서 썼던 아내는 그날도 어머니에게 생활비를 받으러 갔다가 돈을 너무 헤프게 쓰는 것이 아니냐는 핀잔을 들었다고 한다. 아내는 자기 양말 하나 제대로 사지 못하고 생활비의 대부분이 시동생들 식료품비로 나가 하도 억울하고 서러워서 눈물을 흘리며 그 먼 길을 걸어왔다고 했다. 그날 이후 아내가 가계부를 써서 어머니에게 드린 뒤부터는 주는 사람도 받는 사람도 아무 말이 없었다고 한다.

아내는 육 남매 중에 고명딸로 고생을 모르고 자랐다. 장모님이 장손에 맏며느리로 고생을 많이 하셔서 하나뿐인 딸은 절대 그런 자리에 시집보내지 않겠다고 늘 말씀하셨다고 한다. 그런데 열 형제 중 장남인 내게 시집을 보내셨으니 만사가 뜻대로 되기는 어려운 게 세상살이인가보다.

지난날을 돌아보면서 그나마 위안이 되는 것이 딸이 없는 집안의 첫 며느리여서인지 아내가 아버지의 사랑을 많

군인 신분일 때 아내를 만났다. 아내는 내 군번을 비밀번호로 사용하곤 했었다.

이 받았다는 사실이다. 바깥에서 가족 동반 모임이 있을 때마다 아버지는 꼭 아내를 데리고 나가 은근히 며느리 자랑을 하시곤 했다. 또 어린 나이에 형제 많은 집 장남에게 시집와서 고생하는 아내가 안쓰러우셨는지, 형제들이 모두 모인 자리에서 "다음에 너희가 살림 차려서 나가 살게 되면 큰형수가 집에 왔을 때 나나 너희 엄마보다 더 반갑게 맞아줘라" 하시며 아내의 마음을 어루만져주셨다. 동생들도 아내의 노고를 모르지 않았기에 지금까지 큰형수를 생각하는 마음이 다들 각별했던 것 같다.

아내와 결혼할 당시에 막냇동생이 네 살이었다. 아직 철부지여서 그런지 형수를 졸졸 쫓아다니는 바람에 친정 나들이를 할 때도 동생을 데리고 갈 정도였다. 이렇게 막냇동생이 워낙 어리다보니 재미있는 일도 있었다. 큰딸과 막냇동생은 나이 차가 네 살밖에 나지 않아서 함께 초등학교를 다녔다. 삼촌이라고 불리는 게 부끄러웠던 막냇동생은 학교에서 만나면 오빠라고 부르라고 했고, 이에 큰딸은 이름을 불러대며 어깃장을 놓고 그렇게 티격태격하면서 형제처럼 지냈다. 또 아내가 막냇동생에게 도련님이라고 부르니 아버지도 한참 어린애한테 며느리가 도련님이라고 부르는 것이 듣기에 뭐했던지, 아내를 따로 불러서 나중에 크면 그렇게 부르든지 하고 지금은 그냥 이름을 부르라고 하셨다 한다.

형제들이 자라 결혼을 하면서 아내가 챙겨야 할 식구들도 더 늘어났다. 워낙 집안이 넓다보니 일이 많았는데, 특히 명절이나 제사 때마다 아내가 고생을 많이 했다. 각자 가정을 꾸리고 딸린 식구들이 늘어나면서 보통 5, 60명씩은 모이게 되니 음식 장만도 거의 잔칫집 수준이었다. 그렇게 온갖 집안 대소사를 치르는 과정에서 아내는 늘 동서들과 마음을 잘 맞추어가면서 집안을 평안하게 유지해주었다.

신혼 초부터 지금까지 평생을 맏며느리 노릇을 하느라 고생했지만, 지금까지 나는 한 번도 아내가 불평하는 말을 듣지 못했다. 더욱 고맙고 미안하면서도, 참 대단한 사람이라고 생각하게 되는 것은 아내가 항상 겸손하다는 것이다. 지금쯤은 고생담도 좀 늘어놓고, 자기 노고를 알아달라고 할 법도 한데 누가 먼저 화제를 삼기 전에는 이야기조차 꺼내지 않는다.

"스물두 살밖에 안 되는 어린 나이에 뭘 알았겠어요. 아무것도 모를 때니까 용감했지 뭐. 그때는 다들 그렇게 사는 줄로만 알았지, 고생스럽다는 생각은 못 해봤어요. 그때 상황에서는 다 내가 할일이었으니까 당연하게 생각했지. 한참 세월이 지나고 나서야 뒤돌아보니 내가 그때 좀 힘들었구나 싶었고. 얼떨결에 시집왔지만 이만하면 잘 지나온 거 아닌가요?"

동생들이 가끔 아내의 보살핌을 받으며 컸던 지난 시절을 떠올리며 고마움을 표현할 때마다 아내가 늘 이렇게 대답하곤 했다.

지난가을에 우리 부부는 결혼 50주년을 맞았다. 바깥에

아내는 교육자 집안 출신으로 부산사범대를 나와 잠시 교편생활을 했지만, 시집와서는 시동생들과 아이들을 위해 희생했다. 아내에게 미안한 마음이 많다.

서는 금혼식이라 하여 집안의 여러분들과 지인들을 불러놓고 잔치를 하는 모양인데, 나는 지금껏 결혼기념일이라고 특별히 챙겨본 적이 없었기에 그날도 무심하게 넘겼다. 아내는 영 서운했던 모양이다. "그래도 이 집안에 시집온 지 50년이 되었는데……" 하면서 전에 없이 섭섭한 속내를 드러냈다. 내가 워낙 무뚝뚝한 성격이라는 것을 알 만한 사람은 다 안다. 특히 아내에게는 항상 멋대가리 없고 무심하기 짝이 없는 사람이었던 것 같다. 그런데도 아내는 언제나 한결같은 모습으로 내 곁을 지켜주면서 말없이 나를 믿고 따라주었다.

이따금 아내에게 장인어른께서 따님 이름 '이정자'를 정말 잘 지었다고, 어떻게 곁눈질 한 번 없이 정자(正字)로만 반듯하게 살아가냐고 실없이 놀리곤 했지만, 지난날 아내의 숨은 희생이 없었다면 내가 이만큼 마음 편하게 사업에 전념하고 아홉 동생을 두루 품을 수 있었을까. 생각할수록 고맙고 또 고마운 일이지만 지금도 나는 제대로 그 마음을 표현하지 못하고 있다. 딸아이를 넷이나 둔 아비가 되고 보니 애틋하고 미안한 마음이 더해진다.

## 스물일곱에 시작된 철강 인생

범냇골 공장을 운영한 지 6년이 지났을 때 아버지는 동래 안락동에 땅을 사서 새로 공장을 지으셨다. 생산 규모가 점점 늘어나면서 6백 평 남짓했던 범냇골 공장으로는 한계가 있었기 때문이다. 1964년 5월 동래 안락동 공장이 건설되었고, 나는 그다음 해에 군대를 제대하자마자 대한상사에 정식으로 입사했다.

입사 후 2년 정도 지나자 아버지를 대신해 웬만한 일은 처리할 수 있을 정도의 능력을 갖추게 되었고, 전무 직책을 맡아 아버지가 돌아가시기 전까지 회사 운영 전반에 관여했다. 내가 이렇게 빨리 회사의 중책을 맡아 운영할 수 있게 된 것은 이런 날이 올 것에 대비해 아버지가 미리 밑바닥부터 가르쳐주신 덕분이다. 대학에 다닐 때도 나는 방학을 제대로 즐기지 못하고 아버지에게 붙들려 시키시는 대로 회사일을 익혔다.

1969년 동래공장에 연간 3만 톤 규모의 강괴공장을 만들고 다음해에 압연공장을 준공할 때까지는 주로 못과 철사를 생산했다. 강괴공장과 압연공장이 준공된 후에도 본격적으로 철근만 생산할 수 있는 규모는 아니어서 철근과 함께 못, 철사 등 여러 가지 철물제품을 생산해야 했다. 초창기에 동래공장은 직원이 1백여 명 정도밖에 되지 않았다. 공장 규모도 처음엔 약 4천 평 정도였다가 확장하여 나중엔 1만 평까지 늘렸다. 생산품목을 점점 집중시켜 나중에는 철근을 주로 생산하게 되었는데, 이런 생산품목의 변화는 경제발전으로 콘크리트 건물이 크게 늘면서 철근의 수요가 증가하게 된 데 따른 자연스러운 흐름이었다.

초창기 동래공장에서는 지금 보면 아주 영세하다고 할 정도로 규모가 작은 용선로에서 쇳물을 생산해 강괴를 만들었다. 강괴는 빌릿처럼 철강제품을 만드는 과정에서 1차 용해한 쇳물로 만드는 중간재다. 당시 쇳물을 만드는 용선로는 지금과 같은 전기로가 아니었다. 생김새는 포항제철에서 볼 수 있는 고로와 비슷했지만, 규모가 아주 작았고

석탄을 때서 고철을 녹이는 방식이었다. 동래공장이 연간 4만 톤 정도의 생산능력을 지닌 전기로를 갖추고 본격적인 제강회사로 기틀을 갖춘 것은 내가 입사한 지 8년 정도 지난 후의 일이다.

1973년에 연 4만 톤 생산 규모의 전기로를 설치할 때까지 동래공장은 압연공장과 인발공장, 산소공장 등 끊임없는 시설투자를 통해 통합적인 제강능력을 가진 공장으로 변모해갔다. 그 결과 연간 환봉류 1만 2천 톤, 선재류 8천 톤, 철근 6만 5천 톤을 생산할 수 있는 공장으로 발전하였다.

동래공장 전경.

동래공장에서 선친을 도와 공장시설을 확충하고 생산 규모를 늘려가던 시절에 가장 큰 어려움은 자금이었다. 열심히 영업활동을 하고 품질관리와 생산공정을 합리화해나갔지만, 철강이라는 분야는 지속적인 시설투자가 따라야 하고, 거기에 결코 적지 않은 돈이 들어가기 때문에 아무리 열심히 벌어들여도 늘 자금이 부족해 애를 먹을 때가 많았다. 그리고 지금처럼 기계설비가 좋았던 것도 아니어서 대부분의 공정에서 사람 손이 많이 필요해 인건비 부담도 만만치 않았다.

6, 70년대 경제개발 시기에는 고도 경제성장으로 수요

보다 공급이 늘 달렸고, 수출을 장려하고 지원하는 분위기가 형성되어 있었다. 덕분에 사업적으로는 비교적 유리한 환경이었다고 볼 수도 있지만, 그런 만큼 오일쇼크와 같은 대외적인 요인, 격심한 인플레이션, 수시로 찾아오는 원자재 파동 등 불안 요인들도 적지 않았다.

따라서 철강제품을 생산하는 원재료인 철스크랩의 구매부터 제품의 생산과 판매, 시설투자 등 모든 면에서 경영자가 세심하게 살피고 적절한 판단을 내리지 않으면 한순간 수렁에 빠져 헤어나오기 어려워지는 경우가 많았다. 반면 공장증설로 자금이 부족해 사채까지 빌리는 최악의 상황에서 수입한 고철 원자재가 부산항까지 오는 동안에 가격이 크게 상승해 제품 가격이 4배 가까이 올라 순식간에 빚을 청산하는 믿기지 않는 일이 일어날 때도 있었다.

이렇게 사업 경영을 맡은 초창기에는 좋은 일과 나쁜 일이 수시로 반복되며 30대의 젊은 내가 감당하기에 아주 혹독한 시절이었다. 특히 힘들었던 것은 아직 경험이 많지 않은데 아버지의 건강이 좋지 않아 언제까지 곁을 지켜주실 수 있을지 모른다는 것이었다.

대한제강에 입사한 지 2년 정도 되었을 때 아버지의 건강이 심각하게 나빠지셨다. 전부터 간이 좋지 않았던데다가 동래공장을 준공하고 한창 회사를 키워가는 단계여서 아버지는 건강에 신경을 쓸 겨를이 없었다. 몸이 많이 안 좋을 때마다 입원을 하셨다가 좀 나아지면 퇴원해서 다시 경영 일선에서 뛰는 식으로 버텨나가다가 결국 간경화라는 진단과 함께 시한부 선고를 받으셨다.

"문 박사, 내가 꼭 해야 할 일이 있으니까 한 3년만 더 살게 해주소. 그래야 일을 좀 마무리할 수 있을 것 같은데……."

앞으로 1년, 길어야 2년밖에 살지 못할 것이라는 담당의의 말을 듣고 아버지께서 간절하게 청을 하시던 모습이 지금도 생생하다.

다행히 수술을 받고 6년을 더 사시다가 돌아가셨지만, 그동안에 아버지 당신뿐만 아니라 나나 우리 형제들도 늘 언제 어떤 일이 닥칠지 모른다는 불안감을 안고 살았다. 아버지의 건강이 회복되기 어려운 상황에서 회사 상황도 좋을 때보다 나쁠 때가 더 많았고, 나는 언젠가 내가 아버지를 대신해 회사를 책임지고, 밑으로 줄줄이 딸린 아홉 동생을 건사해야 한다는 생각을 하며 늘 바쁜 마음으로 살았던 것 같다.

2부

# 제강, 정금백련精金百鍊

좋은 쇠는 백 번의 담금질로 만들어진다

# 피할 수 없는 숙명이라면 품어라

"너무 많은 짐을 주고 가는 것이 미안하다. 하지만 너희가 형제끼리 서로 합심해서 잘 헤쳐나가면 좋은 날이 올 것이다. 잘해나가리라 믿겠다."

돌아가시기 이틀 전에 잠깐 의식이 돌아온 아버지가 남기신 유언이다. 선친이 세상을 떠났을 당시, 내 나이 겨우 서른다섯이었다. 내 바로 밑의 동생만 결혼을 했고, 셋째 동생 태수는 혼처만 정해놓은 상태였다. 그리고 넷째 동생 거돈이는 행정고시 1차시험에 합격한 후 2차시험을 불과 보름 앞두고 있었다. 그 밑으로는 막냇동생까지 아직은 공부 중인 학생 신분이었다. 결혼 후 내가 꾸린 가정에도 올

망졸망한 어린 자식이 넷이나 됐다.

아버지의 건강이 좋지 않았기 때문에 몇 년째 아버지와의 이별을 예상하고 살았지만, 막상 닥치고 보니 내 앞에 놓인 피할 수 없는 숙명이 너무나 크고 무겁게 느껴졌다. 선친이 남기신 기업과 거기에 딸린 많은 식솔들의 미래가 모두 나에게 달려 있다는 생각에 한시도 마음 편할 날이 없었다. 하지만 나는 그런 심정을 어느 누구에게도 쉽게 내비칠 수 없었다.

"가기 전에 떠나기 전에 외상값은 내어놓아라. 밑천 없는 이 장사에 식구가 열여덟이다."

마음 편한 친구들과 어울려 소주잔을 기울이면서 나는 때때로 〈이별의 부산정거장〉이라는 노래의 가사를 이렇게 바꾸어 부르면서 내 마음속 깊은 고뇌를 남몰래 털어내곤 했다.

아버지가 일찍 돌아가시면서 비교적 젊은 나이에 감당하기 쉽지 않은 짐을 짊어졌지만 나는 내게 주어진 숙명을 기꺼이 받아들였다. 아니 받아들일 수밖에 없었다. 당장에 거두고 보살펴야 할 동생이 한둘이 아니었고, 회사 상황도 좋지 않아 피하거나 원망할 겨를도 없었지만, 무엇보다도 쉰네 살 아직 젊은 나이에 세상을 떠난 아버지의 안타까운 인생을 생각하면 거부할 수가 없었다.

아버지의 유언대로 나는 지금까지 성심을 다해 동생들을 돌보며 살아왔다. 자기 자식보다 동생들을 먼저 챙기는 바보라는 소리를 들을 정도로 나름대로 최선을 다했다. 지난 세월이 힘들긴 했지만 후회는 없다. 지금 와서 생각하면 오히려 잘한 선택이었다는 생각이 들 때가 많다. 만약 내가 자식들만 챙기고 형제들이 잘못되어도 내버려두었다면, 자식들이 지금처럼 잘 성장할 수 없었을지도 모른다. 또 최선을 다해 형제들을 안으며 살아온 세월이 있었기에 지금 내 자식들이 더 든든한 울타리를 지니고 살아갈 수 있다는 생각이 든다.

지금 우리 열 형제는 모두 경제적으로나 가정적으로나 큰 어려움 없이 잘 살고 있다. 또 자식들이나 조카들까지 집안에 큰 우환 없이 서로 화목하게 살아가고 있으니 더 바랄 것이 없다. 속으로 뿌듯하기도 하고, 내 정성과 노력이 하늘에 닿아서 이런 복을 누리나 하는 생각이 들어 그저 감사한 마음뿐이다.

오늘날 우리 형제가 이만큼 살게 된 것이 오직 나 하나만의 노력에 의한 것이라고는 생각하지 않는다. 나만큼이나 형제들 각자가 서로 최선을 다하며 살았고, 서로를 먼저 배려하는 마음으로 산 결과가 모여 이런 날이 온 것이라고 생각한다.

나이가 들면서 형제간의 우애가 엷어지기 마련이고, 아주 크게 금이 가는 경우도 종종 본다. 특히 서로 더 갖겠다고 다투는 금전적인 문제가 화근이 되는 경우가 많은데 우리 형제들과는 거리가 먼 얘기였다. 물론 가진 것이 별로 없는 사람들이 각자 살기가 빠듯해서 벌어지는 다툼은 어느 정도 이해가 되기도 한다. 그러나 가질 만큼 다 가진 재벌가에서도 형제간에 재산 다툼이 일어나고 서로 원수가 되는 걸 보면 우애를 지키며 살아가는 일은 억만금의 돈으로도 해결할 수 없는 일인 것 같다.

가지 많은 나무에 바람 잘 날 없다고, 집안에 형제가 많다보니 늘 좋은 일만 있을 수는 없었다. 또 내가 워낙 자상한 성격과는 거리가 멀어서 드러내놓고 잘해준 적도 별로 없다. 그러나 각자가 가진 능력껏 잘 살아갈 수 있도록 아버지를 대신해 나름대로 열성을 다해 동생들을 돌봤다고 생각한다. 지금까지 내가 할 수 있는 한 최선을 다했다고 자부하기 때문에, 누가 물어보아도 이 점은 자신 있게 말할 수 있다.

인생을 살면서 누구나 한 번쯤은 거역할 수도 피할 수도 없는 운명을 만난다. 하지만 아무리 감당하기 힘든 숙명도 결국 받아들이는 사람의 태도가 어떤가에 따라 그 결과가 현저히 달라지는 것이 인생인 것 같다.

아버지가 일찍 돌아가시면서 내 인생엔 기업과 가족이라는 혼자 감당하기에 무척 벅찬 두 개의 짐이 주어졌다. 그러나 나는 그것을 거부하지도 크게 원망하지도 않았다. 오히려 나는 먼 훗날 다시 아버지를 만났을 때 "유언하신 대로 최선을 다해 형제들을 키우고 내 임무를 잘 마치고 왔습니다" 하고 당당하게 이야기할 수 있는 사람이 되기로 마음을 먹었다.

내게 주어신 숙명이 너무 버겁다고 불평하거나 도망칠 궁리를 하는 대신에 아버지가 물려주신 기업을 지키고, 동생들을 잘 건사하고 집안을 이끌어가는 데 온 힘을 쏟았다. 어떤 힘든 상황에서도 그 일념만은 놓치지 않고 끝까지 최선을 다하다보니 살아갈수록 좋은 일들이 더 많이 생겼다. 젊은 시절에는 크고 무겁게만 느껴지던 내 인생의 짐도 점점 가벼워졌고, 어느새 세상 사람들로부터 이만하면 사업적으로나 가정적으로나 성공했다는 소리도 듣게 됐다.

돌이켜보면 각자의 인생이 짊어진 숙명은 스스로 감당

할 수 있는 무게만큼 주어지는 것 같다. 그런데도 벅차고 무겁게만 느껴진다면 아직은 내 힘이 약하기 때문일 것이다. 어떤 일이든지 자기 스스로도 감동스러울 만큼 혼신을 다한다면 감당하지 못할 것이 없다. 불가능할 것 같고, 극복할 수 없을 것 같은 운명도 굴복하지 않고 오히려 힘껏 끌어안고 살아가는 사람을 이길 수는 없다. 이런 삶의 태도를 가진 사람이라면 누구라도 주어진 숙명을 넘어서는 것은 물론이고, 자신의 상상을 넘어서는 성공을 이룰 수 있다. 피할 수 없는 운명이 결과적으로 행운으로 평가될지, 불운으로 평가될지는 결국 각자의 삶의 태도와 노력 여하에 달린 셈이다.

숙명은 결코 힘겨운 인생의 짐이 아니다. 오히려 내가 살아가는 이유를 알려주고 내 삶의 방향을 보여주는 이정표일지도 모른다. 안타깝게도 대부분의 사람이 어느 정도 세상을 살아보기 전까지는 각자에게 주어진 숙명이 각자의 삶이 지닌 의미나 가치와 맞닿아 있다는 사실을 깨닫지 못하는 것 같다.

# 고통 없이 여무는 열매는 없다

선친이 돌아가시던 해* 우리 회사는 5톤 규모의 전기로를 설치해 전기로 제강업체로서 첫발을 내디뎠다. 당시 회사의 자금 여력으로 보면 무리한 시설투자였지만 사업을 계속하기 위해 꼭 필요한 일이었다. 그래서 힘겹게 공사를 마무리하는 과정에서 부채가 점점 늘어갔다. 게다가 내가 회사를 맡았을 땐 회사의 자금 사정이 극도로 악화되어 있었다.

아버지께서 돌아가신 뒤 남은 자산을 모두 계산해보니 4억 7천만 원이었으나 당장 현금화할 수 있는 게 거의 없

* 1973년.

었다. 사실 아버지는 돈이 노는 것을 못 보는 분이시라 돈을 통장에 가만히 두는 법이 없었다. 회사 수익은 물론이고 부족한 자금을 은행 대출로 메우면서 계속 공장시설을 확장해왔기 때문에 대부분의 자산이 은행에 담보로 설정돼 있었다. 당장 현금으로 만들 수 있는 것이 하나도 없었다. 게다가 아버지가 남긴 기업을 물려받으려면 2억 6천만 원 가량의 상속세까지 내야 할 형편이었다. 차라리 상속을 포기하고 월급쟁이로 사는 것이 낫지 않을까 생각했지만, "느그 아버지가 우째 만든 회사인데 이래 허무하게 처리할라 그라노?" 아버지의 체온이 식기도 전에 당신이 이루어놓은 회사를 버리는 놈이 어디 있느냐는 사람들의 이야기가 머릿속을 맴돌았다. 돌아보면 기업인으로서 내가 맞이했던 첫번째 큰 시련이었다.

모든 게 막막했지만 더이상 물러설 곳이 없었다. 상속세는 3년 분할로 납부하기로 하고 회사일에 매달렸다. 은행에 거의 매일 출근하다시피 하면서 사정했지만, 선친이 살아 계실 때와는 상황이 많이 달랐다. 장남이 이어받아 기업을 운영한다고는 하지만 이제 서른 중반의 애송이고, 형제가 한둘만 되어도 죽기 살기로 다투는 마당에 열 명이나 되니 얼마나 오래 버틸까 하고 비관적인 시선으로 바라보는 사람이 많았기 때문이다.

특히 은행에서 상환하라는 독촉이 빗발쳐 무척 힘이 들었다. 회사가 곧 넘어간다는 소문을 듣고 회사까지 찾아와서 대출해 간 돈을 갚으라며 소란을 피우는 은행 지점장도 있었다. 어떤 날에는 세무서장으로부터 "이런 재무 상태로 회사를 정리하지 않고 계속 끌고 나가는 것은 양심이 없는 짓이 아니냐"는 모욕적인 말을 듣기도 했다. 그때 나는 "어떻게 남의 사업을 놓고 함부로 말할 수 있느냐. 봉급을 받는 공무원의 눈에는 당장 보이는 숫자가 중요하겠지만, 사업하는 사람은 희망적인 미래를 내다보면서 회사를 경영하는 것이니 서로의 잣대가 다르다. 아직 공장 문을 닫을 정도는 아니고, 지금은 무엇이 옳은 판단이라고 할 수 없으니 길고 짧은 것은 시간에 맡겨보자" 하고 응대했다. 나중에 세무서장이 우리 공장에 찾아와 미안하다고 사과했지만, 한동안 그 일은 나에게 무척 참담한 기억으로 남아 있었다.

이런저런 어려운 상황들이 거듭될수록 나는 더 오기가 났다. 사무실에 간이침대를 갖다놓고 거의 살다시피 하면서 공장일에 매달렸다. 그렇게 나는 몸으로 부딪치면서 수익성을 높이고 회사를 정상화할 방법들을 하나씩 찾아나갔다.

당시 가장 중점을 둔 일은 품질관리였다. 대표이사 직속 기구로 별도의 팀까지 구성하면서 강력한 품질개선 활동을 펼쳐나갔다. 불량이 발생하면 생산라인을 멈출 수 있는 권한을 줄 정도로 품질관리팀에 힘을 실어주자 품질이 눈에 띄게 좋아졌고 생산성도 크게 향상됐다.

그렇게 애를 쓰고 노력을 기울인 보람은 1년 후에 철근 콘크리트용 봉강 부문에 대한 KS마크를 획득하는 성과로 나타났다. 이 일을 계기로 회사의 매출이 비약적으로 증가하고, 철강제품을 미국과 중동으로 수출하는 기회를 얻게 되면서 회사 사정도 점차 나아졌다. 더불어 걱정스러운 눈으로 바라보던 외부의 시선에도 많은 변화가 생겼다.

그렇게 한 고비를 넘기면서 경영 실적이 좋은 해도 있고, 그렇지 못한 해도 있었지만 꾸준히 매출이 늘었다. 그리고 생산을 더 늘리기 위해 새로운 공장 부지를 물색하는 단계에까지 이르렀다.

회사의 규모가 커질수록 동래공장을 확장해나갔지만 곧 한계에 부딪혔다. 공장을 처음 지을 때만 해도 주변이 온통 논밭이었는데, 점점 도시화가 진행되면서 주거지역으로 바뀌었기 때문이다. 더이상의 공장 확장이 어려운 상황에서 새로운 공장 부지를 알아볼 수밖에 없었다. 그 과정에서 탄

신평공장에서부터 대한제강의 규모를 본격적으로 키웠다. 신평공장 전경이다.

생한 것이 지금까지 본사로 사용하고 있는 신평공장이다.

1980년에 준공된 신평공장은 규모나 설비 면에서 이전의 동래공장과는 차원이 달랐다. 연간 12만 톤을 생산할 수 있는 30톤 규모의 전기로를 설치하고, 연속주조기 시설까지 마련하면서 우리 회사는 철강전문기업으로서 제대로 된 면모를 갖추게 되었다. 하지만 그것으로 모든 고비를 넘긴 것은 아니었다. 신평공장이 준공되고 한동안은 늘어난 생산량만큼 매출도 증가했다. 그래서 모든 일이 순조롭게 풀리겠다 싶었는데 다시 한번 큰 시련이 닥쳤다.

2차 석유파동의 여파와 80년대 초의 정치사회적 혼란으로 경기가 극도로 악화되면서 우리 회사의 주요 거래처인 건설업계에도 찬바람이 불어닥쳤다. 1980년 당시에 국내 경기가 얼마나 좋지 않았으면 경제개발 이후 처음으로 실질성장률이 -1.6퍼센트를 기록할 정도였다. 1980년 소비자물가상승률은 무려 28.7퍼센트에 달했다. 2011년 물가상승률이 연 4퍼센트 정도인 점을 감안하면 매우 심각한 인플레이션 상태였다.*

사회 전반에 불어닥친 경기침체의 영향으로 회사는 앞이 보이지 않을 만큼 어려운 상황에 빠졌다. 원자재 가격이 크게 상승하고 생산이나 물류에 드는 모든 비용이 늘어난 반면, 철강 수요는 오히려 줄어들면서 매일매일이 고역이었다. 나름대로 기계설비에 많은 투자를 한다고는 했지만 당시만 해도 생산의 상당 부분을 수작업에 의존하고 있는 상황이어서 생산효율을 높이는 것에도 한계가 있었다. 게다가 사우디아라비아 등으로 출혈수출을 하면서 상황이 더 나빠졌다.

* 참고로 통계청 자료에 따르면 2022년 소비자물가는 2021년에 비해 5.1퍼센트 상승했다.

그런 상태에서 동래공장과 신평공장을 함께 끌고 나가는 것은 무척이나 힘겨운 일이었다. 돌아오는 어음을 막아내기 위해 저녁 늦은 시간까지 은행으로 단자회사로 뛰어다니면서 하루하루를 넘겼다. 그것도 여의치 않아 처분할 수 있는 부동산을 모두 처분하기도 하고, 급기야 사채를 빌리기도 했다. 살고 있던 집의 집문서까지 내놓으면서 전력투구했지만 힘에 부쳤다.

바깥 날씨도 내 마음도 몹시 추웠던 겨울이었다. 그동안 회사일에 대해서는 아내에게 일절 이야기한 적이 없었는데, 부도를 피하기 힘들 것 같다는 벼랑에 선 심정에서 입이 떨어지지 않았지만 결국 아내에게 말할 수밖에 없었다. 그때가 곧 딸의 입시를 앞둔 시점이었다. 아내는 회사 문을 닫는 것을 시험 뒤로 미루면 안 되겠냐고 애원했다. 국립대라 학비가 싼 서울대는 무난히 합격할 것 같으니 일단 대학에 들어가면 딸애가 알아서 아르바이트라도 할 수 있을 거라는 말이었다.

80년대 초부터 시작된 힘겨운 상황은 거의 80년대 말이 되어서야 풀리기 시작했다. 나의 사업 인생에서 두번째로 맞이한 커다란 위기는 그렇게 꽤 오랜 기간 지속되었고, 나는 오직 선친이 맨손으로 일군 기업을 이대로 무너뜨릴 수는 없다는 일념으로 버텼다. 늘 입술이 부르터 있을 정도로 힘들고 하루에도 몇 번씩 그냥 주저앉고 싶은 마음이 들었지만 그때마다 액자 속에 담긴 아버지의 얼굴을 바라보며 이겨냈다.

회사가 한창 어려울 때는 사무실에서 이면지를 활용하는 것은 물론이고 볼펜 하나도 새것을 사지 않고 심을 갈아끼워가며 쓸 정도였다. 당시 영업부에 배치된 차량 한 대로 버텨나갈 정도로 전 직원이 경비 절감에 많은 노력을 기울였다. 그렇게 작은 부분까지 아끼면서 오직 회사를 살리는 데만 전념하는 사이에 나는 소금단지라는 별명까지 얻었다.

회사가 위태롭다는 소문을 듣고 자기 사업을 하고 있던 둘째 동생이 다시 회사일을 돕고 나섰고, 대학을 졸업한 막냇동생까지 입사해 힘을 보탰다. 어려운 회사 상황 속에서도 같이 힘을 모아 위기를 극복하려는 직원들의 노력도 내게 큰 용기를 주었다. 다시 초심으로 돌아가 원재료인 고철 검수부터 철저하게 하고, 부실채권을 줄이면서 영업과 생산을 차츰 늘려나갔다. 또 뼈를 깎는 구조조정과 조직혁신을 단행하면서 어렵게 위기를 넘겼다.

매주 월요일 오전 6시부터 회의를 열고 관리직 사원, 현장 책임자들이 한자리에 모여 공정개선과 생산성 향상에 대한 여러 가지 좋은 의견을 모으기도 했다. 이 모임은 약 2년간 지속되었고, 나중에는 국제 사정이나 경기 동향 등 여러 가지 정보를 공유하고 직원들의 건의사항을 즉각적으로 해결하는 자리로 발전했다.

그렇게 직원들과 함께 어려움을 참고 견디면서 노력하는 가운데 시간이 흐를수록 회사 상황이 차츰 나아지기 시작했다. 또 자금 여력이 생기면서 1987년에는 연간 20만 톤을 생산할 수 있는 규모로 신평공장의 전기로를 발전시킬 수 있었다. 다행히 철강 경기도 점차 상승세를 타면서 흑자폭도 점점 늘어났다. 90년대 들어 각종 신도시가 건설되는 등 건설 경기가 좋아지면서 회사는 위기에서 완전히 벗어나 안정적인 단계로 접어들었다.

사업이 어느 정도 궤도에 오를 때까지 적어도 10년은 눈물겨울 정도로 고생하는 것이 보통이다. 그래서 10년 정도 해보지 않고는 사업한다는 말을 꺼내지 말라는 이야기도 있다. 10년이면 강산이 변한다고 할 정도로 긴 세월이라는 생각을 하는 사람도 있겠지만 기업인이 제대로 된 기업을 꾸려나갈 만큼 단련하는 데는 극히 짧은 시간이다. 특히 막대한 시설투자가 필수적으로 요구되는 철강업에 있어서, 갖가지 고비를 넘기면서 20년 정도는 버텨야 어느 정도 기반을 잡을 수 있고 이제 뭘 좀 안다고 인정해줄 수 있다.

내 경우만 해도 선친에게서 기업을 물려받아 경영해나간 초기 20여 년 동안에는 다시 돌아보기 싫을 정도로 어려움이 많았다. 하지만 기업은 필연적으로 크고 작은 고비와 시련을 넘기면서 성장할 수밖에 없다. 하나의 산을 넘으면 또 다른 산이 기다리고 있는 그런 상황에서 결국 자기와의 힘든 싸움을 계속해나가야 하는 삶이 기업인의 길이다.

마치 여름날의 뜨거운 뙤약볕과 수시로 내리쏟는 소나기에 단련된 나무가 가을에 탐스러운 열매를 얻는 것처럼, 끝없이 다가오는 도전에 맞서 고통을 이겨내고 인내하는 시간을 보내는 가운데 조금씩 성장해나가는 것이 바로 기업이다. 시련이 닥칠 때마다 기업을 경영하는 사람들은 남이 헤아리기 어려울 만큼 힘든 시간들을 보내야 하지만 길게 보면 가장 고통스러울 때가 가장 많은 것을 배우고 더 크게 성장하는 때인 것 같다. 그것은 인생살이도 마찬가지일 것이다.

## 어려울수록 기본을 지켜라

그동안 사업을 해오면서 좋을 때보다는 힘들 때가 더 많았다. 그러나 아무리 힘들어도 내가 꼭 지켜왔던 두 가지 기본원칙이 있다. 그 첫번째는 사업을 하면서 정치권력의 힘을 빌려 쉬운 길을 가지 않겠다는 것이었다.

한창 사업이 힘들었던 때는 마음먹기에 따라 문제를 수월하게 풀 수도 있었지만 나는 그런 방법을 택하지 않았다. 경남중학교, 경기고등학교, 고려대학교 동창들 가운데 정치권력의 핵심으로 한창 이름을 날리던 친구도 많았지만 한 번도 그 친구들에게 사업상의 청탁을 해본 일이 없다.

너무 원칙을 지키려고 하다보니 때로는 손해를 감수해

야 할 때도 있었다. 수많은 기업이 정경유착으로 급성장하기도 하고, 손쉽게 자금지원을 받아내기도 하는 풍토가 만연했던 시기엔 심한 좌절감이 들기도 했지만 내 원칙은 흔들림이 없었다. 맨주먹으로 사업체를 일으킨 선친의 영향을 받아서 그런지 나는 기업인에게 가장 중요한 것이 자존심이라고 생각한다. 진정한 사업가는 오로지 자신이 가진 사업적 역량과 사업적 자산으로 승부한다는 고집을 가져야 한다는 생각은 지금도 변함이 없다.

기업인으로서의 이런 고집은 어려운 고비를 잘 넘길 수 있는 숨은 힘이 되기도 한다. 사업을 하다보면 힘든 고비가 더러 있다. 빚을 많이 지기도 하고 인간적으로 수치스러운 일을 당하기도 한다. 그래도 버틸 수 있는 것은 기업인으로서 한 점 부끄러움 없이 살아왔다는 스스로에 대한 당당한 자신감 덕분이다. 사업은 사업으로서 완결구조를 가져야 한다는 투철한 신념으로 열심히 사업에 전념한 사람이라면 어떤 어려운 상황도 자신만의 당당함으로 이겨낼 수 있다.

내게는 행정고시에 합격해 고위공무원을 지낸 동생이 둘 있다. 사업가의 길을 걸으면서 나는 그 동생들과 되도록 멀리 지내려고 애를 썼다. 어쩌다가 공식적인 자리에서 서로 얼굴이 마주치는 것은 어쩔 수 없지만, 일부러 사무실로 찾아가는 일은 절대 없었다. 내가 동생들이 일하는 곳에 자주 들락거리면 다른 사람들도 쉽게 찾아가게 되고, 그러다보면 이런저런 청탁이 오갈 수도 있다고 생각했기 때문이다. 오히려 동생들이 청렴하게 공직생활을 할 수 있게 하려고 가진 재산을 나눠주기도 했다. 또 행여나 공직에 있는 동생들에게 누가 될까봐 더 깨끗하고 투명하게 기업을 운영하려고 남보다 더 많이 노력했다.

50여 년 기업을 경영해오면서 당장의 이익에 눈이 멀어 그릇된 유혹을 뿌리치지 못하고 많은 기업이 정치사회의 격랑 속에서 사라져가는 것을 옆에서 지켜보았다. 그런 소용돌이 속에서도 대한제강이 이만큼 건재할 수 있었던 것은 정경분리를 철저하게 지켜온 덕분이라고 생각한다. 만약 그때 내가 다른 사람들처럼 원칙을 버리고 손쉽게 위기를 넘겼으면 지금 이만큼의 성과를 얻지 못했을지 모른다.

인생도 사업도 결국 멀리 내다보고 긴 호흡으로 승부하는 것이다. 당장은 바보처럼 보여도 먼 훗날에는 원칙과 기본을 지킨 사람이 결국 이긴다. 기업은 정직하게 벌고, 벌어들인 만큼 다시 투자하면서 차근차근 실력과 명성을 쌓아가는 일을 우선시해야 한다. 그리고 지나치게 언론에 노출하거나 경영자가 외부 활동에 치우치는 것도 바람직하지 않다. 지속적인 생산 활동을 통해 좋은 제품을 만들어내고 사회의 가치 창출에 힘을 보태는 것이 기업의 사명이고 기업인의 가장 큰 보람이라는 생각은 지금도 결코 변함이 없다.

사업이 힘들 때마다 그 중요성을 더욱 크게 느끼며 지켜왔던 나의 두번째 기본원칙은 늘 현장에서 답을 얻는 것이다. 회사 경영에 어느 정도 이력이 붙으면 생산 현장을 신경 쓰지 않아도 된다는 사람도 있고, 현장을 모르고도 사업에 성공할 수 있다는 사람도 있지만 내 상식으로는 도저히 이해가 되지 않는 얘기들이다.

특히 우리 회사와 같은 제조업체의 경우 경영자가 현장 상황을 잘 알지 못하고 기업을 운영하는 것은 마치 뿌리 없는 나무에 열심히 물을 주는 것과 같다. 제대로 된 제품을 생산해 남들과의 경쟁에서 결코 뒤지지 않는 위치를 얻어 수익을 내겠다는 생각으로 현장 운영에 몰두하지 않고 기업이 잘되길 바라는 것은 허황된 욕심일 뿐이다.

오래전부터 나의 하루 일과는 현장을 둘러보는 일로 시작됐다. 우리 공장은 24시간 돌아가는 체계라서 새벽이든 한밤중이든 필요하다 싶으면 현장을 둘러볼 수 있다. 그래서 직원들이 좀 고달프긴 하겠지만 늘 현장을 중심에 두는 나의 모습을 보면서 친밀감이나 신뢰감을 쌓아가는 직원들이 많은 것 같다.

워낙 현장에 충실하다보니 우리 직원들이 나의 종교를 공장이라고 하면서, 나에게 '오반장'이라는 별명을 붙여주었다. 이 별명은 80년대 초 우리 회사가 가장 어려웠던 시기에 생긴 것이다. 당시 우리 현장 곳곳에는 철골 기둥마다 너구리집이라고 불리던 골방이 있었다. 이곳은 현장 직원들이 일을 하다가도 짬만 나면 들어가서 휴식을 취하던 곳인데, 그로 인해 작업의 효율이 떨어지는 것도 문제지만 술병이 나뒹굴고 있을 정도로 무질서해 현장 환경을 개선하는 데 많은 걸림돌이 됐다.

약 6개월에 걸쳐 현장 직원들의 반발을 감수하고 하나씩 철거했더니 작업환경이 몰라보게 좋아졌다. 그 과정에서 7백여 명이나 되던 직원들이 절반가량 줄어들긴 했지만, 낭비되던 요소들이 줄어들면서 생산성은 더 높아졌고 안전사고도 크게 줄었다. 이렇게 현장을 개선하고 회사를 발전시킬 올바른 방안을 찾아내 실현하며 얻었던 가장 중요한 소득은 나에 대한 직원들의 믿음과 신뢰였다.

그후로도 회사가 정말 어려울 때마다 나는 하루에 열 바퀴씩 현장을 돌았다. 또 개선해야 할 문제점이 생기면 그 문제를 해결할 실마리를 찾을 때까지 오랫동안 현장을 둘러보고 해결책을 찾아냈다. 공장을 새로 짓거나 설비를 증설할 때는 더 많은 시간을 현장에 할애했고, 덕분에 다른 곳보다 적은 비용을 들여 필요한 시설들을 구축해나갈 수 있었다.

직원들을 귀찮게 하려고 한 건 아닌데, 혼자서 공장 주변을 걷다보면 어느새 직원들이 따라붙는다. 사진은 2021년 6월 평택공장을 둘러보던 때이다.

# 거침없이, 그리고 후회 없이

누구에게나 실패의 경험은 무척 쓰라린 것이다. 특히 기업경영의 책임을 맡고 있는 사람들에게는 한 번의 실패가 단순히 나 한 사람의 고통으로 끝나는 것이 아니기 때문에 더 쓰라리다. 그래서 그런 일이 일어나지 않도록 하기 위해 밤낮없이 온 마음으로 고민하고 움직이지만, 사람인 이상 항상 성공적인 판단만 내릴 수는 없는 일이다.

그동안 회사를 이끌어오면서 가장 쓰렸던 경험은 90년대 말에 특수강 전기로를 폐쇄했던 일이다. 수십억을 투자했던 연간 40만 톤 규모의 특수강 전기로를 신설한 지 3년 만에 연주설비를 제외하고 모두 폐기해 원재료인 고철로 사용하게 했을 때 반대하는 사람들도 있었다. 시설투자 후

IMF 외환위기가 닥치면서 수요가 크게 줄어들고 공장을 돌릴 여력이 없긴 했지만 조금 더 끌고 간다고 해서 크게 문제될 것은 없었기 때문이다. 은행에서 시설투자를 받았는데 3년 거치 5년 분할상환이라는 유리한 조건이어서 아직 시간이 충분했고, 추후에 활용하면 된다고 생각한 사람이 많았다.

그러나 나는 과감하게 폐기하라는 지시를 내렸다. 장치산업을 하는 철강제조업체에서 많은 돈을 들인 설비를 없앤다는 것은 쉽지 않은 결정이었다. 하지만 IMF 외환위기를 겪으면서 많은 기업이 도산하는 상황을 지켜보며, 철근 한 가지 품목이라도 집중해서 잘해야겠다는 생각이 많이 들었다. 또 연일 오르는 금리와 원자재 비용의 상승 등 자금을 압박하는 요인들이 계속되는 상황에서는 오히려 더 끌고 가는 것이 손실을 키울 것이라는 판단이 들었다.

결단을 내릴 당시에 주변에서는 상당히 걱정을 많이 했으나, 나는 빨리 잊어버리려고 노력했다. 뼈아픈 경험이었지만 자꾸 마음에 둔다고 득이 될 일은 아니었다. 오히려 나는 당장 눈앞에 주어진 것에 집중했다. 실패를 딛고 일어서는 가장 좋은 방법은 실패는 빨리 잊고 실패하지 않은 나머지에 몰두하는 것이라고 생각했기 때문이다.

시간이 흐르자 당시 내 결정은 오히려 전화위복이 됐다. 적절한 시기에 과감한 결단을 내림으로써 오히려 회사의 내실을 다지는 데 많은 도움이 됐다.

흔히 실패 없는 성공이 없다고들 하지만 실패의 처절한 순간에는 쉽게 받아들이기 어렵다. 특히 많이 배우고 높은 위치에 오른 사람일수록 자신의 실패를 받아들이지 못하고 자신의 잘못을 인정하지 않는 경향이 강하다. 그래서 실패의 순간을 도저히 견디지 못하고 극단적인 선택을 하는 경우도 있는데, 이것은 스스로에 대한 지나친 자긍심이 만들어낸 오만이 아닐까 하는 생각이 든다.

인간은 누구나 실패도 하고 성공도 하면서 성장한다. 실패가 전혀 없는 인생이란 존재할 수 없다. 신이 실패의 경험을 주는 것은 더 크게 보아야 할 뭔가가 있다는 뜻이다. 인간은 다만 그것이 실패의 경험이든 성공의 경험이든, 자신에게 주어진 상황에 최선을 다할 뿐이다. 할 수 있는 한 최선을 다하고 나머지는 하늘에 맡긴다는 겸손한 마음가짐을 갖고 있을 때 우리는 실패를 이겨내고, 그 뒤에 숨어 있는 성공을 볼 수 있다.

인생이 끝나는 날까지 모든 일이 성공인지 실패인지 단

정하기 어렵다. 인생은 언제나 진행 중이기에 자기 딴에는 잘한 것이라고 생각하더라도 나중에 어떤 결과로 돌아올지는 아무도 모르는 일이다. 또 잘못했다고 생각했던 일이 내게 어떤 행운을 안겨줄지 모른다. 오직 노력할 뿐, 누구도 쉽게 판단할 수도 평가할 수도 없는 것이 인생이고 사업인 것 같다.

그러므로 실패하고 좌절하는 순간에 더욱더 인내심을 발휘해야 한다. 뛰어난 머리나 실력을 가진 사람보다 인내심을 잃지 않은 사람이 결국 실패를 딛고 일어선다. 아무리 많은 실패를 겪는다 해도 목표를 향해 인내하고 부단히 노력하다보면 결국 원하는 것을 얻을 수 있다. 실패가 인내력을 시험하려 할 때 결코 굴복해서는 안 된다. 오히려 실패와 좌절을 통해 성공으로 갈 수 있다고 믿어야 한다.

인생을 살아보니 실패를 두려워하는 것보다 실패하더라도 어떤 일이든 시도하는 것이 더 나은 경우가 많다. "20년 뒤를 상상해보라. 당신은 지금 한 일보다 하지 않은 일 때문에 후회하고 있을 것이다"라고 한 미국의 작가 마크 트웨인의 말이 결코 틀리지 않은 것 같다. 나 또한 지난날을 돌아볼 때, 좋은 경험이든 나쁜 경험이든 해본 일보다는 해보지 않았던 일에 대한 아쉬움이 더 많다.

## 말보다는 행동의 힘으로

2004년 우리 회사가 창립 50주년을 맞이할 즈음 나는 경영 일선에서 한발 물러났다. 회사 경영은 막냇동생인 오형근 사장과 아들인 오치훈 부사장이 중심이 되어 이끌어 갔고, 그 덕분에 전에 없는 여유로운 시간을 보냈다.

여유롭던 내가 굉장히 바빠질 때가 있다. 회사에서 공장 시설을 증축할 때다. 앞에서도 언급했듯이 철강업이라는 것이 엄청난 비용과 시설투자가 필요한 장치산업이고, 시설 장치를 증축할 때마다 오랜 세월 쌓아온 경험과 판단을 모아 해결할 문제들이 많이 생기기 때문이다.

50년 가까운 세월 동안 쇳밥을 먹다보니 내가 있어야 해결할 수 있는 문제들도 더러 있다. 물론 시설 증축에는 수

많은 전문기술자가 참여하지만 제품을 생산하는 과정의 특성을 잘 아는 사람의 눈으로 보아야 원만하게 처리할 수 있는 일들이 있기 마련이다. 어떤 부분은 엔지니어들보다 더 정확하고 빠른 판단을 하기도 한다.

내가 그런 역할을 할 수 있게 된 것은 대단한 머리를 가진 사람이기 때문은 아니다. 기계설비에 적지 않은 투자를 해야만 하는 철강업을 이끌고 나가려면 눈에 보이지 않는 부단한 노력을 하지 않을 수 없었다. 외국에서 기계를 들여오려면 어학 공부를 하지 않을 수 없고, 실수를 줄이려면 기계는 물론 토목에 대해서도 상당한 지식을 갖고 있어야 한다. 도무지 풀리지 않는 문제가 있을 때는 단서가 될 만한 것이 있을까 하고 여기저기 다니며 발품을 팔고, 좋은 의견을 줄 만한 사람들을 부지런히 만나야 한다.

가장 중요한 것은 늘 현장을 중심에 두고 생각하고 현장을 예의주시하면서 연구하는 것이다. 그런 나의 노력 덕분에 돈이 많이 드는 큰 시설 보완이나 대규모 신규 공사를 할 때 다른 사람들은 생각하지 못하는 방법을 제시하고 비용을 절감한 경우도 더러 있다.

동래에서 신평으로 공장을 옮길 때 부족한 자금력을 만회하기 위해 중고 설비를 들여 다른 사람들보다 적은 비용으로 시설을 만들 수 있었다. 공장을 준공하기 전까지 반신반의하는 사람들도 제법 있었지만 한 치의 오차도 없이 원활하게 가동되었다. 신평공장을 준공할 때 토목전문가들은 40m 아래가 늪이라서 지반이 불안정하다고 했지만 나는 공사를 밀어붙였다. 비슷한 지형을 가진 다른 공장을 여러 번 둘러보았지만 늪의 생리상 기둥을 박았을 때 조여주는 힘이 있으므로 전기로의 무게를 감당하는 데 전혀 문제가 되지 않는다는 것을 확인했기 때문이다.

나의 경영 인생에 화룡점정을 찍는 마지막 공사라고 생각하며 진행한 것은 2008년 녹산공장에 연간 80만 톤 규모의 전기로를 증설하는 일이었다. 공사 기간을 최소한 1년 6개월은 잡아야 한다고 했지만, 10개월이 조금 못 되어 끝을 냈다. 나중에 들은 얘기지만 건설회사 소장이 우리 회사 임원에게 자기 평생에 이런 회장은 처음 봤다고, 자기보다 일찍 현장에 나와서 오늘은 어떤 작업을 하는지, 시멘트를 붓는지, 건설현장에 이골이 난 사람처럼 일일이 챙기면서 한참을 지켜보다가 가니 눈치가 보여 꼼짝없이 제대로 작업할 수밖에 없었다고 한다.

이렇게 공사 기간을 단축했는데도, 제품을 상차하는 차

량이 지하로 들어가게 만들어 공간의 효율을 높이고, 경비를 절감하면서 효과적인 생산 시스템을 갖추어 다른 업체에서 견학을 올 정도로 잘 마무리됐다. 녹산공장의 전기로를 증설하면서 어떻게 그렇게 빠른 시일 내에 시설을 잘 갖추었느냐는 질문을 많이 받았는데 방법은 의외로 간단하다. 보통 공장 건물을 지어놓고 시설을 들여 제품을 생산한다고 생각들을 많이 하는데, 관련 도서를 찾아 읽고 일본으로 건너가 먼저 지은 시설들을 둘러보며 치열하게 생각해보니 건물을 짓는 것과 기계시설을 동시에 할 수 있는 방법이 나오고, 결국은 공장시설 가공을 훨씬 앞당길 수 있었다. 비를 피할 지붕만 있으면, 그 아래에서 제품을 생산해 가며 건물을 지어가면 된다. 전기로를 직접 들고 온 일본 직원들도 불가능하다고 했던 일이다.

그러나 이런 방법론보다 중요한 것은 공장시설을 하는 사람들의 마음가짐이다. 공장을 증설할 때 나는 매일 아침 일찍 출근해 점심때까지 현장을 지켰다. 별말 하지 않고 이렇게 지켜 서서 진척 사항을 함께 보다보면 좋은 의견이 생기고 문제가 생겼을 때 빠르게 판단할 수 있다. 또 내가 이렇게 성의를 다하면 실제 공사를 진행하는 사람들의 마음을 더 움직여 일을 잘 마무리할 수 있다.

녹산공장 전경.

기업을 운영하는 사람들 중에는 일이 잘 안 풀릴 때 남의 탓이나 직원 탓으로 돌리는 경우가 흔히 있다. 일이 잘 안 풀릴 때는 내가 뭐가 부족하고 무엇을 놓치고 있는지 먼저 들여다볼 줄 알아야 기업을 성공적으로 이끌어갈 수 있다. 지나고 보면 사실 다른 사람의 탓보다는 한 조직의 수장인 자신의 부족함이 더 크다는 것을 깨닫게 되기 때문이다.

회사가 잘 돌아가고 직원들이 각자 맡은 역할을 제대로 하게 하려면 경영자가 먼저 헌신하고 노력하는 모습을 보여야 한다는 것이 내 생각이다. 경영자가 회사를 지키기 위해 헌신하는 모습을 보여줄 때 비로소 직원들은 감동하고 함께 헌신하게 된다.

어떤 분야든지 가치 있는 일을 이루기 위해서는 반드시 그만한 대가를 치러야 한다. 기업을 책임지고 있는 사람이 다른 사람들보다 한발 더 빨리 움직이고 한발 더 걷지 않으면 만족해도 좋을 만한 결과를 얻기 힘들다. 직원들이 내 마음만큼 움직여주길 바란다면 백 마디 말보다는 먼저 행동으로 보여주고 몸소 움직이는 자세가 중요하다.

하나의 기업을 키우는 일은 한 그루의 큰 나무를 키우는 것과 같다. 한 그루의 나무가 무성하게 자라는 일은 어느 한 가지만으로 이루어지지 않는다. 흙과 물, 햇빛이 고르게 갖춰져 있을 때 나무는 세월을 견디면서 무성해진다. 마찬가지로 기업이 잘 성장하는 일도 어느 하나로 성공비결을 단정지을 수 없다. 하지만 가장 중요한 것은 먼저 작은 묘목을 심었던 사람, 기업의 더 큰 미래를 꿈꾸며 먼저 발을 내디뎠던 경영자가 자신의 소중한 인생을 기꺼이 거름으로 쓸 줄 아는 것이다.

# 채우려면 비우고 얻으려면 기다려라

회사가 한창 힘들던 80년대 초에 부산의 수많은 기업이 어려운 고비를 넘기지 못하고 주저앉았다. 나도 그만 포기해야 할 것 같은 마음이 들 때가 한두 번이 아니었다. 그런 나를 끝까지 버티게 하고 과거의 성공비결에서 벗어날 힘을 준 것이 바로 낚시였다.

지금은 매립되어 아파트가 들어섰지만, 80년대 당시만 해도 수영만은 물이 맑아 좋은 낚시터였다. 나는 힘든 일이 있을 때마다 이곳을 찾아 낚싯대를 드리우고 하염없이 바다를 바라보면서 낚시를 했다. 회사가 어려워 숨쉬기 힘든 상황에서 누구에게도 다 털어놓지 못하는 답답한 마음을 낚시하면서 바다에 풀어놓곤 했다.

어느 날인가는 돌아올 어음을 막기 위해 늦게까지 은행과 단자회사, 사채시장까지 다 알아봐도 막을 방법이 보이질 않아서 자포자기의 심정으로 낚싯대를 들고 나섰다. 회사 상황이 어찌나 어려운지 내가 전화를 하면 돈 빌려달라고 할까봐 아예 전화를 안 받는 사람이 있을 정도였으니 더 이상은 버틸 수 없을 것 같았다.

하루종일 낚시를 하면서 바닷바람을 쐬다보니 기운이 차려지면서 '안 될 때 안 되더라도 내일 한번 더 최선을 다 해보자' 하는 마음이 들었다. 그리고 다음날 필요한 돈보다 더 많은 돈이 들어오는 믿을 수 없는 일이 벌어지면서 위기를 넘겼다.

그날 만일 내가 낚시를 가지 않고 계속 고민만 하고 있었다면 아마 온전하게 버티지 못했을 것이다. 이렇게 힘들 때마다 물가에서 낚시로 마음을 가라앉히고 다시 시작할 힘을 얻는 일은 이후로도 비일비재했다. 회사 사정이 좋아진 후에도 나는 거의 주말마다 낚시를 하면서 생각을 정리하고 사업 구상을 하는 시간을 가졌다.

세월이 흐르고 보니 어쩌면 낚시가 나를 살린 것이 아닌가 하는 생각이 들 때도 있다. 주변의 기업인들을 가만히 보면 과중한 스트레스를 잘 풀지 못해 결국 기업을 끌어갈

기력을 잃어버리고, 판단이 흐려져 사업을 그르치는 일이 더러 있다. 그래서 기업을 하는 사람들은 어렵고 복잡한 문제들에서 한발 물러나 어려움을 견딜 수 있는 힘을 기를 시간을 억지로라도 만들어야 하는데, 나에겐 낚시가 바로 그런 역할을 했던 것 같다.

지금까지도 나는 낚시를 무척 좋아해 기회가 닿는 대로 바다로 향한다. 낚시의 묘미를 미처 알지 못하는 사람들은 유난히 낚시를 좋아하는 나를 이해하지 못한다. 그냥 시장에서 사먹으면 될 일을 애써 낚시를 하며 시간 낭비를 하냐고 하는 사람도 있고, 지겨워서 한자리에 어떻게 가만히 앉아 있느냐고도 하지만 그것은 낚시에 대해 몰라서 하는 소리다.

특히 힘들고 복잡한 일에 많이 시달리는 사람일수록 스트레스를 풀고, 불필요한 잡념을 가라앉히는 데 낚시만큼 좋은 것이 없다. 또 인내심과 집중력을 기르는 데도 낚시가 그만이다. 유명한 사격선수나 골프선수들 중에 여가시간에 취미로 낚시를 즐기면서 마인드컨트롤을 하고 집중력을 기르는 사람이 많은 것도 바로 그런 이유다.

옆에서 보면 가만히 앉아서 바다만 쳐다보고 있는 것이

몹시 지루하게 느껴질 수도 있지만 그 참맛을 알면 지겹기는커녕 시간 가는 줄 모르고 빠져드는 게 낚시다. 또 낚시는 언제 고기가 낚일지 모르기 때문에 찌를 계속 쳐다보고 있다가 낚아올릴 순간을 놓치지 않아야 하기 때문에 집중력이 많이 길러진다. 오랜 시간 인내하고 기다릴 수 있을 만큼 정신적인 면뿐 아니라 육체적인 면에서도 상당한 체력이 따라줘야 지속적으로 즐길 수 있는 것이 낚시이기도 하다.

내가 낚시를 즐기는 또다른 이유는 고요한 수면 위 한 점에 집중하고 있으면 침묵하는 동안에 만나는 무념무상의 세계가 있기 때문이다. 낚싯대를 잡고 처음 얼마 동안 이렇게 많은 생각이 내 안에 있었나 싶을 정도로 무수한 잡념들을 만난다. 그런데 시간이 지날수록 마음이 고요해지고 머릿속이 맑아진다. 또 낚싯대를 던져놓고 한 점을 하염없이 바라보고 있다보면 지친 마음이 회복되고 새로운 에너지가 생긴다.

낚시에 심취하다보면 알게 되는 일종의 무념무상의 상태는 부처님 앞에서 몇 시간씩 독경을 하면서도 전혀 지겨워하지 않는 스님들의 모습과 비슷한 것 같다. 낚시도 어떻게 다가가는가에 따라서 수도자가 고요한 기도의 시간을 통해 더 깊은 지혜와 통찰을 가지는 것만큼 의미 있는 시간을 만들 수 있다는 것이 내 생각이다. 그래서 나는 낚시터에서 고기가 너무 자주 잡히는 것을 별로 좋아하지 않는다. 도무지 사색하고 무념무상을 느낄 틈이 없기 때문이다.

## 인생의 전환점, 가장 빛나는 시간

예순 살 접어들던 해에 위암 선고를 받았다. 여기서 내 생명이 그칠 수도 있다는 생각을 하니 살아온 날을 겸허한 마음으로 들여다보게 되었다.

나는 그동안 기업을 유지하느라 앞만 보고 달려왔던 지난 시간들을 돌아보았다. 쉼 없이 달리고 있을 때는 보지 못했던 것들이 마음 깊은 곳에서 하나씩 떠올랐다. 제일 먼저 드는 생각이 여태껏 기업을 경영한다고 하면서 여기까지 왔지만 내가 과연 남보다 나은 것이 무엇인가 하는 것이었다. 그냥 밥이나 겨우 얻어먹고 불편하지 않을 정도로 공장을 유지하면서 인생을 다 허비했구나 하는 자괴감도 들었다. 이런 상태로 기업을 물려주면 뒷사람들이 무척 고생

증축하기 전의 녹산공장.

할 텐데 왜 더 노력하지 못했을까 하는 뼈저린 반성이 밀려왔다.

만일 다시 못 깨어나면 내가 몸담고 있던 회사에 과연 무엇을 남기고 가는가. 남은 사람들이 과연 이 회사를 가지고 충분히 경쟁할 수 있을까. 생각할수록 부끄럽고 안타까운 마음이 들었다. 그리고 다행히 신이 지금 나를 데려가지 않고 한번 더 기회를 준다면 남은 인생을 일등 가는 제품을 생산하는 기업을 만드는 데 밑거름이 되어 후회 없이 생을 마감하겠다고 결심했다.

그런 비장한 마음이 있었기 때문에 회사에는 출장을 간다고 하고, 주변에도 별로 알리지 않은 채 조용히 위암수술을 받으러 갔다. 다행히 수술 결과가 좋아서 나에게 한번 더 뛸 수 있는 기회가 주어졌다.

몸이 회복되자마자 나는 일본으로 건너가 시설 증축에 필요한 설비를 계약했다. 그리고 녹산공장을 서둘러 준공해 가동시켰다. 20년 가까이 대한제강에서 근무하며 밑바닥부터 능력을 쌓아온 막냇동생을 대표이사에 취임시키고, 외국계 회사에 근무하던 아들을 설득해 회사일을 돕게 했다. 녹산공장을 준공하고 새로운 경영진에게 회사를 맡기는 이런 과정들은 내 경영 인생에서 하나의 큰 전환점이었다.

세상사도 그렇지만 기업이라는 것도 혼자서 모든 일을 다 이룰 수 없다. 때가 되면 능력이 되는 뒷사람들에게 넘겨주고, 내가 이룬 것을 바탕으로 그들만의 방식으로 미래를 꽃피울 수 있도록 해야 한다. 한 시대를 잘 마무리하고 다음 시대를 준비하는 일은 기업이 생명력을 잃지 않고 존속하는 데 매우 중요하다. 그리고 나의 남은 인생 전부를 대한제강의 미래를 위한 큰 그림 그리기에만 집중해도 시간이 부족하다는 생각이 들었다.

녹산공장을 준공한 지 2년 뒤에는 신평공장의 압연공장을 뜯어내고 새로운 시설로 교체했다. 이 두 공사는 대한제강이 한발 더 도약할 수 있는 발판이 되었다. 나의 절박한 마음이 하늘에 닿았는지 두 가지 공사가 마무리되고 난 후에 건설 경기가 좋아지면서 회사의 매출도 크게 늘었다. 2001년 1360억 원에 불과하던 매출액이 다음해에는 거의 2배로 뛰었다. 그리고 매년 성장세를 지속해 지금은 연 매출 1조를 바라보는 탄탄한 기업으로 성장했다.*

2008년에 녹산공장의 전기로를 연간 80만 톤 규모로 증설하는 공사를 마무리하면서, 나는 대한제강의 미래를 위해 할 수 있는 모든 것을 다 했다는 생각이 들었다. 녹산공장의 전기로 증설공사는 직간접비용을 모두 포함해 약 1천억 원 정도가 투자된 큰 공사였다. 그리고 대부분의 설비를 국내에서 제작해 설비 국산화에 나름대로 기여했고, 좁은 면적에 효율적인 공간 활용으로 생산효율이나 비용 절감에 많은 도움이 되는 등 나로서는 상당히 만족스러운 결과를 얻었다. 내 인생에서 다시는 오지 않을 기회로, 참으로 행

---

* 2021년 대한제강의 연 매출은 1조 1466억 원으로 집계되었고, 2022년은 약 1조 2835억 원으로 추정된다.

복한 마무리였다.

요즘도 가끔 공장을 돌아보면 아버지 생각이 날 때가 있다. 선친이 살아 계실 때 나는 공장 앞마당을 쳐다보며 "언제쯤이면 우리도 빌릿을 1천 톤 정도 쌓아놓고 마음껏 공장을 돌릴 수 있을까요?" 하고 물었던 적이 있다. 그때 아버지는 "열심히 노력하면 그런 세월이 오지 않겠나" 하시며 나를 위로해주셨다. 그런데 지금은 우리 회사가 빌릿이 아니라 철근을 하루에 5천 톤 이상 생산하고 출하할 수 있는 규모로 성장했다. 아버지와 내가 공장 앞마당을 바라보며 서로 위로의 말을 주고받던 그때는 상상도 못한 일이었다.

양적인 면에서는 어느 정도 성장했으니 이제 질적인 면에서도 성장을 이루어 더욱 탄탄한 기업을 만드는 것은 뒷사람들의 몫일 것이다. 그리고 뒷사람이 나와 우리 직원들이 합심하여 이룬 기반을 토대로 대한제강의 역사를 더 훌륭하게 써나가리라는 것을 굳게 믿고 있다.

빌릿(Billet)은 전기로에서 주조하여 빼낸 뒤 소형의 조강류, 철근, 형강이나 선재 등을 만드는 소재가 된다.

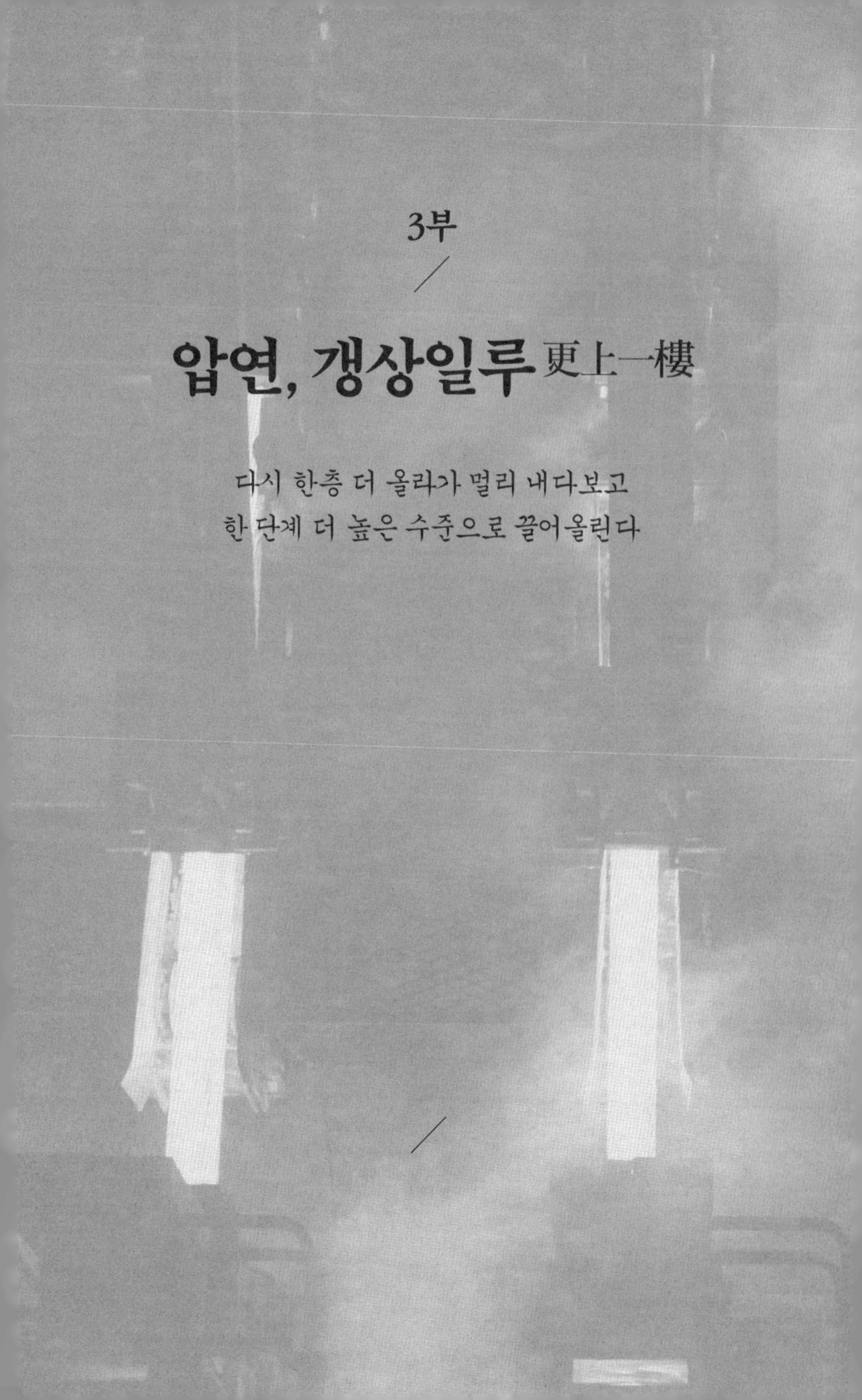

3부

# 압연, 갱상일루 更上一樓

다시 한층 더 올라가 멀리 내다보고
한 단계 더 높은 수준으로 끌어올린다

# 변화는 끝이 없다

오랫동안 믿고 있던 정해진 틀이나 늘 해오던 방식에서 벗어나는 일은 사람이나 기업이나 쉽지 않다. 그러나 그런 노력을 계속하지 않으면 기업은 어느 한순간부터 경쟁력을 잃는다. 기업이 지속적으로 발전하려면 변화하는 환경을 잘 읽고 신속하게 대처할 수 있어야 한다. 그러기 위해서는 끊임없는 발상의 전환이 필요하다.

특히 기업이 한 단계의 성과를 마무리하고, 다음 단계로 넘어가야 하는 과정에서는 이러한 노력이 더욱 절실하다. 이때가 바로 기존 조직에 새로운 변화를 줌으로써, 지금과는 다른 새로운 시각과 의외의 방식으로 기업 성장의 활로를 열 시점이기도 하기 때문이다.

우리 회사의 경우 2000년 초반이 바로 그런 시기였다. 막냇동생인 오형근 사장에게 대표 자리를 물려주면서부터 내가 다져놓은 토대에서 더 나은 성과를 얻기 위한 새로운 시도들이 활발하게 이루어졌다.

당시는 철근산업이 호황이어서 충분한 양을 생산해내는 것이 문제였지 판매에는 크게 신경 쓸 필요가 없었다. 이렇게 다른 제품들과 달리 판매자인 제강업체가 갑이고, 철근을 구매하는 고객인 건설사가 오히려 을이라고 할 정도로 공급자 중심의 시장 분위기가 형성된 것은 사실 어제오늘의 일도 아니다. 하지만 나는 늘 회사 구성원들에게 당부했다. 언젠가 철근 경기가 꺾였을 때를 대비하고, 제품을 생산·판매하는 자신의 위치를 망각하지 말라고 주문했던 것이다.

이런 나의 뜻에 따라 우리 회사는 도매상을 거치지 않고 건설사에 직접 판매하는 비중을 계속 늘려왔다. 이런 직거래 방식은 다양한 고객사의 요구에 맞춰야 하고, 자칫 잘못하면 불량채권이 발생할 수 있다는 단점도 있다. 그러나 궁극적으로 우리 제품을 이용하는 현장의 목소리를 왜곡 없이 생생하게 접하면서 제품의 경쟁력을 더욱 높일 수 있다는 것이 큰 장점이었다. 또한 직거래의 확대는 회사의 이익을 늘리는 데도 많은 도움이 되었다.

내가 몇 년간 공장설비를 회사의 성장 규모에 맞게 증설하는 데 몰두하는 사이, 새로 경영 책임을 맡은 오형근 사장과 오치훈 부사장은 직거래를 중심으로 활발한 영업활동을 지속해갔다. 이렇게 서로 마음을 맞추어 주어진 역할에 최선을 다하는 가운데, 우리 회사는 향후 철강업이 어려운 국면을 맞을 때를 대비해 우리만의 장점을 살린 고객만족 서비스를 준비했다. 그 결과 맺은 결실이 철근 토털 솔루션인 '스타즈(STAZ)'이다.

'스타즈'는 철근의 A부터 Z까지를 책임진다는 의미를 담고 있는 철근 맞춤 가공 서비스다. 생산한 철근을 납품하는 기존의 단순한 공급 방식에서 벗어나, 철강업체가 수요자의 필요에 맞추어 건설현장에서 필요한 철근에 관련된 모든 공정을 진행하는 것이다. 이런 철근 토털 솔루션의 전격적인 추진은 업계에서 처음 있는 일이었고, 기존의 관행을 깨고 발상을 전환해 수요자나 공급자 모두에게 이득을 주는 새로운 비즈니스 모델로 많은 주목을 받았다.

사전조사 결과 건설사들이 공급받은 철근을 건설현장에서 직접 가공하는 과정에서 상당량의 로스가 발생했다. 필

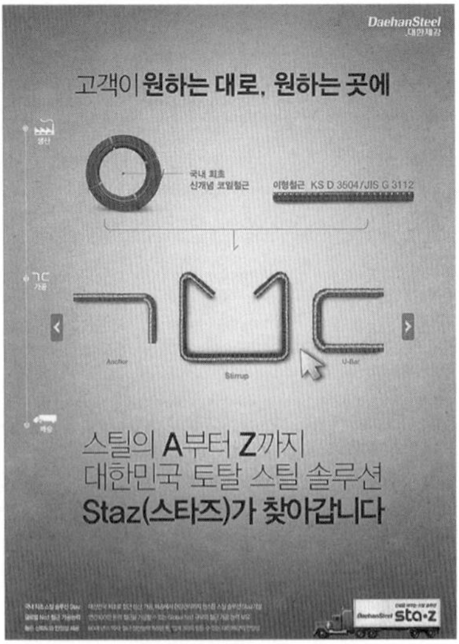


'스타즈' 신문광고.

요한 철근을 보관해두는 비용도 만만치 않았고, 협소한 건설현장에서 철근을 보관하는 사이에 발생하는 혼잡함이나 안전사고의 위험도 무시할 수 없었다. 또 철근을 현장에서 자르고 운반하는 과정에서 공사 기일에도 지장이 생긴다는 사실도 알게 되었다.

이런 고질적인 문제들을 해결하기 위해 만든 것이 '스타즈' 솔루션이다. 건설업체의 요구와 필요에 따라 건설현장의 구체적인 철근 공정에 맞춤 서비스를 제공하면 철근의 낭비와 보유재고를 줄이고, 공사 기간을 단축시킬 수 있어서 건설사의 입장에서는 상당한 원가절감 효과를 볼 수 있다. 그뿐만 아니라 제강업체에서 기계화 공정을 통해 공급하는 철근은 품질 면에서도 훨씬 우수하다.

이렇게 비용과 품질 모두 우수한 공급 방식이 오랫동안 외면받고 있었던 것은 철근 공급업체와 건설업계의 기대치가 서로 달랐기 때문이다. 이미 일본과 서유럽 국가에서는 우리 회사의 '스타즈' 솔루션과 같은 철근 공장가공 방식이 약 90퍼센트에 이를 정도로 활성화되어 있지만, 우리나라는 20~30퍼센트의 비중밖에 차지하지 못할 정도로 기존의 유통 관행이 유지돼왔다.

최근 지속되는 경기 악화로 많은 철강업체가 고전하고 있다. 철강업체들이 시설 확대를 통해 공급량을 크게 늘린데 비해 경기 위축으로 수요가 많이 줄어들었기 때문이다. 여기에 수입 제품까지 경쟁 대열에 가세하면서 철강업체는 더욱 어려운 입장에 처하게 되었다. 그러나 우리 대한제강은 2005년 4월 거가대교 현장에 가공철근을 국내 최초로 출하하기 시작하면서부터 매년 '스타즈' 솔루션을 통한 철근 공급량을 늘려 수요처에서 좋은 반응을 얻고 있고, 꾸준히 성장세를 이어가면서 어려운 시기를 잘 넘기고 있다. 또 미리 준비하고 몇 년에 걸쳐 완성도를 높여왔던 '스타즈' 솔루션의 성과에 힘입어 2012년에는 창사 이래 처음으로 철근 판매량이 1백만 톤을 돌파했다.

'필요한 만큼 자르고, 용도에 맞게 구부리고, 안전하게 보관하며, 원하는 곳으로 배달한다'는 광고 카피와 함께 중소 철근제조업체로선 이례적으로 TV광고 등을 통해 '스타즈' 솔루션을 홍보하는 과정에서 대한제강의 브랜드를 알리는 데도 상당한 성과가 있었다. 이런 새로운 시도들은 다른 철근제조업체들에도 상당한 자극을 주었다.

'스타즈' 솔루션을 지속적으로 추진하면서 보다 정교하게 하는 데 앞장서왔던 새로운 경영진은 주요 거래처를 상대로 서비스의 우수성을 홍보하고, 판매를 확대하기 위해 노력했다. 이런 노력은 규모가 큰 철근가공 수주계약을 잇달아 성사시키며 가시적인 성과로 이어졌고, '스타즈' 솔루션이라는 대한제강의 브랜드를 정착하는 데 큰 도움이 되었다.

나와 선친이 이룬 탄탄한 전통에 차세대 경영자의 젊은 패기와 전문성이 더해져 회사가 더욱 발전하고, 가시적인 성과를 보이는 것 같아서 흐뭇한 마음이 든다.

# 좋은 시절에 미리 준비하라

2000년대 들어서 대한제강은 매출액이 급격히 증가하면서 눈에 띄게 성장했다. 이런 결과에는 90년대 말 IMF라는 위기 상황을 잘 넘기면서 기업의 체질을 변화시켜온 것이 큰 밑거름이 되었다.

우리나라가 IMF 외환위기라는 국가 차원의 신용불량 상태에 봉착하게 된 데는 여러 가지 원인이 있겠다. 하지만 가장 주요한 원인은 변화하는 국제경제 상황은 생각하지 않고 그동안 이룬 경제적 성장에 만족하면서, 기업들은 방만한 운영을 일삼았고 일부 국민에게서는 분수에 맞지 않는 소비가 늘었던 탓이라 할 수 있다.

세계경제는 1990년대에 들어와 세계무역기구(WTO)

출범을 계기로 국내외 시장에서 경쟁이 치열해졌는데, 기업들은 이러한 상황에 제대로 대응하지 못했다. 기업들은 금융기관에서 많은 돈을 빌려 무리하게 사업을 확장했는데, 여기에는 정경유착이라는 한국 경제의 뿌리 깊은 고질병이 단단히 한몫했다. 또한 차입경영과 외형 위주의 경영방식을 탈피하지 못해 이에 따른 위기의 징후들은 이미 여기저기서 나타나고 있었다.

거기에 더해 극심한 노사분규와 가파른 임금 상승 등으로 기업경쟁력은 날로 떨어지고 있었다. 이러한 기업의 위기는 기업에 자금을 빌려준 금융기관의 위기로 이어졌고 '은행은 절대 망하지 않는다'는 신화가 처참히 깨지면서 퇴출되거나 합병되어 사라지는 은행들이 생겨났다. 한보그룹을 비롯한 삼미그룹, 진로그룹, 해태, 한신공영 등 국내 굴지의 기업이 부도로 치달았고, 대기업의 부도는 수많은 하청기업과 중소기업의 연쇄 부도로 이어졌다.

특히 부산의 경우는 더욱 심각했다. IMF 관리체제 이후 6개월 만에 부산 지역 9천여 개의 중소기업 가운데 2천2백여 개 회사가 쓰러졌다. 당시 부산상공회의소의 조사에 의하면 기업의 76%가 부도를 걱정하고 있을 정도였다. 태화쇼핑과 미화당, 세원 등 부산의 향토 백화점들이 부도 상태에 빠졌고, 국제종합건설, 자유건설 등 대형 건설업체들도 그 뒤를 이었다. 기업마다 불가피하게 구조조정 및 정리해고가 이루어지면서 실업자와 신용불량자가 크게 늘고, 힘겹게 생활을 꾸려나가는 사람이 많아졌다.

철강업계도 IMF 한파에서 비켜날 수 없었다. 한보철강 부도에 관련된 종합상사나 정유업체 등이 2천억 원에 달하는 피해를 입었다. 동종업계에서 서로 경쟁하던 한보철강을 비롯한 환영철강, 한국제강 등이 IMF 이후 법정관리나 화의에 들어갔다. 철강기업들이 줄줄이 부도 사태를 겪으면서 살아남은 회사가 얼마 없다는 말들이 나돌 정도였다. 그 와중에 다행히 대한제강은 건재했지만, IMF의 여파로 매출이 크게 줄면서 상당히 고전할 수밖에 없었다.

이런 위기 상황을 타개하기 위해 이익이 나지 않는 사업 분야는 축소하고 불필요한 비용을 줄이려 노력했는데, 이익이 남는 부문에 집중하는 식으로 사업을 조정하면서 신설한 지 얼마 안 된 특수강 전기로를 과감하게 폐쇄했다. 또한 40년 넘게 우리 회사와 함께해온 동래공장을 처분하고 그 대금으로 대출을 상환하여 회사의 재무구조를 튼튼하게 다지는 데 주력했다. 은행 등에서 자금을 빌려 여기저기 마구 투자했다가 무너진 업체들을 눈앞에서 보았기 때문에 부도가 남의 일 같지 않았다.

경영 여건이 어려운 상황에서도 한층 더 연구개발에 노력을 기울이고, 제품의 질을 높이기 위해 애를 썼다. 그 결과 1999년에는 ISO 9000 인증을 획득하는 성과를 올리기도 했다.

우리 회사가 IMF 위기를 무사히 넘길 수 있었던 데는 평소 잘 형성되어 있던 노사관계의 힘도 컸다. 직원들은 함께 위기를 넘기는 마음으로 상여금을 자발적으로 회사에 반납했고, 나는 이런 직원들의 마음이 너무나 고마워서 굉장히 어려운 상황에서도 인원을 감축하지 않고 버텨나갔다. 모두가 이렇게 마음을 모아 IMF의 찬바람을 서로 보듬고 감싸면서 차츰 활로를 열어나갔다.

돌아보면 참 힘들었던 시기였지만 그 위기를 넘기면서 우리 회사는 단기간에 상당한 변화와 발전을 맞이할 수 있었다. 위기 속에 기회가 있다는 말이 있듯이 외환위기로 내실 경영에 힘을 쏟고, 여력 안에서 기술개발 연구에 매진했다. 급변하는 국내외 경제 환경에 대처하기 위해 치밀하게 조직을 관리하고 투명하게 경영한 것은 이후 우리 회사가 지속적인 성장을 이루는 데 밑거름이 되었다.

제강공장 내부. 불꽃 속에서 철은 다시 태어난다.

우리 회사가 어려운 가운데서도 비교적 차분하게 IMF 위기를 넘길 수 있었던 것은 사실 1994년에 있었던 멕시코 금융위기의 상황을 예의주시하면서 대비하고 있었던 덕분이다.

1990년대 초반에 멕시코는 비약적인 경제성장으로 세계의 주목을 받았고, 해외 투자자금도 크게 늘었다. 그런데 얼마 지나지 않아 금융위기를 맞이하게 되었다. 나는 이 과정을 상세히 분석하며 들여다보았는데, 이때 이대로 가다가는 자칫 멕시코가 겪는 위기가 그대로 우리에게도 닥칠 수 있겠다는 예감이 들었다. 그래서 철강업이 한창 성장세에 있던 시기임에도 지나친 투자나 무리한 확장을 경계하고, 직원들에게 자만에 빠져서는 안 된다고 늘 입버릇처럼 이야기했다.

회사가 어느 정도 규모를 갖출 때까지는 경영자가 세세한 것까지 관리할 수 있어야 한다. 그러나 어느 단계의 성장에 이르면 경영자가 모든 부분을 섬세하게 챙기는 것은 불가능할 뿐만 아니라 그러다가는 오히려 조직의 역량도 키우지 못하는 결과를 초래한다. 능력이 검증된 사람들에게 위임할 것은 과감하게 위임하고 경영자는 다른 더 중요한 일에 집중하며 큰 그림을 그려야 한다. 그중에서 가장 중요한 것이 바로 위기관리다.

위기관리 능력은 자기 업종뿐 아니라 국내외 경제 상황을 보면서 앞을 내다보는 혜안과 회사가 가진 내부 역량이나 위치를 냉정하게 평가해 대비할 줄 아는 데서 나온다. 그런 능력은 단시간에 가질 수 있는 것이 아니라 오랜 시간 성실하고 치열하게 노력해야 쌓을 수 있다. 또한 좋은 시절일수록 더욱 자신을 돌아보고 나빠질 때를 준비할 줄 아는 겸허한 자세가 뒷받침될 때 위기가 갑자기 들이닥쳐도 이를 극복할 빛을 발할 수 있다.

## 잘하는 일과 좋아하는 일

우리 공장 마당 한편에는 늘 고철이 산처럼 쌓여 있다. 남들 눈에는 거칠기만 한 풍경이지만 나나 우리 직원들에게는 특별한 느낌으로 다가온다. 고철은 철근으로 다시 태어날 가능성을 품은 소중한 재료들이고, 우리 대한제강 식구들에겐 양식과도 같은 존재다.

철근의 원재료가 되는 철스크랩, 즉 고철은 1천4백 도의 고온 전기로를 거쳐 쇳물이 된 뒤 긴 사각형 모양의 쇳덩어리인 빌릿으로 모양을 갖추었다가 다시 여러 단계의 공정을 거쳐 철근으로 재탄생한다. 이 과정은 단순해 보이지만 철근이 일정한 강도와 품질을 유지하기 위해 매 순간 정밀한 컨트롤과 여러 사람의 땀과 노력이 필요하다. 철근이 만들어지는 과정을 처음 보는 외부 방문객들은 엄청난 열기와 쇳소리로 가득한 현장의 모습에 놀라지만 나에게는 늘 친근하고 가슴 뿌듯한 느낌을 준다.

자동차를 타고 시내를 지나다가 우연히 대한제강 로고를 단 회사 트럭을 만날 때가 있는데, 마음이 설렐 정도로 기분이 좋다. 50여 년 세월 동안 소위 쇳밥을 먹었으니 이제 지겨울 때도 됐는데, 여전히 쇠가 좋은 것을 보면 천직인가보다.

공기는 인간의 생존에 없어서는 안 될 요소이지만 평소에는 그 소중함을 느끼지 못하고 살아간다. 마찬가지로 철도 우리가 잘 느끼지는 못하지만 인류 문명의 발전에 많은 기여를 해왔다. 철은 인류의 역사를 발전시켜온 원동력이라고 해도 과언이 아닐 정도로 인간의 생활에서는 없어서는 안 될 소중한 존재이다.

문명이 고도로 발달한 오늘날에도 철은 우리 생활 곳곳에 녹아들어 보이지 않는 곳에서 묵묵히 제 역할을 다하고 있다. 철이 없다면 철도, 선박, 자동차도 만들 수 없고 도로, 건물, 다리도 만들기가 어렵다. 오늘날 우리가 사용하는 대부분의 기계나 도구에도 철이 활용된다. 철강업을 흔히 '산업의 쌀'이라고 부르는 것도 바로 이런 이유 때문이다.

우리 대한제강에서는 대형 건물이나 아파트, 도로나 다리를 만들 때 꼭 필요한 철근콘크리트용 봉강 제품들을 생산한다. 나는 우리가 만드는 철근을 단순히 이윤을 목적으로 생산, 판매하는 제품으로만 생각하지 않는다. 사람들의 생활을 더욱 풍요롭고 행복하게 만드는 것이라는 자부심으로 바라본다.

철강업은 더이상 사용이 불가능한, 산업 쓰레기에 불과한 고철을 재활용해 중요한 산업 소재로 재탄생시키는 자원재활용 사업이고 친환경적인 사업이라는 점에서도 상당한 매력이 있다. 철의 특성과 역할을 보면서 나는 가끔 인생을 살아가는 데 필요한 자세에 대해 힌트를 얻기도 한다. 고열과 고압에 시달리는 것을 마다하지 않았기에 구조물의 뼈대가 되고, 기둥이 되어 보이지 않는 곳에서 전체를 지탱하는 소중한 존재가 될 수 있는 것이 바로 철이다. 쇠가 다른 어떤 것보다 강한 힘을 가질 수 있는 것은 그만큼 주어진 조건들을 인내하고, 자기 역할에 충실했기 때문이다.

지금도 공장을 둘러보다보면 문득문득 뿌듯함을 느낄 때가 있다. 기업을 경영한다는 것은 일종의 성취욕이다. 보통 사람들의 눈에는 생산량이 몇 톤씩 올라가는 것이 단순한 숫자에 불과하겠지만 내게는 남모르는 희열을 준다.

기업이 어디까지 커나갈 수 있을지는 아무도 모르는 일이고 기업의 미래에는 한계가 없다. 그러나 나는 나름대로 내가 할 수 있는 한 최선을 다해 하나의 작품을 완성했다는 마음이 들고, 그로 인해 말할 수 없는 뿌듯함을 느끼고 있다. 다른 업체와 비교하자면 부족할 수 있겠지만, 중요한 것은 내가 선택한 일을 내 방식으로 몰입해 이만큼 해냈다는 것이다.

인생을 돌아보면 우리는 많은 시간을 자신의 일에 할애한다. 그런데 그 일에 재미와 열정을 느끼지 못한다면 개인적으로는 상당히 불행한 일이다. 내가 선택한 일이 처음부터 내가 좋아하고 간절히 원하던 것이라면 금상첨화겠지만 그런 행운은 쉽게 오지 않는다. 내가 좋아하고 간절히 원하는 것이라고 생각했던 일도 막상 하다보면 의미를 못 느끼게 되는 경우가 더러 있다.

그러므로 우리가 할 수 있는 것은 내게 주어진 일에 최선을 다하면서 그 일의 가치를 발견하는 것이다. 그렇게 하다보면 일에 점점 재미가 붙고, 일이 좋아지면 그 일을 누구보다 더 잘하게 되고, 더 나아가 그 일이 내 인생에 던져 주는 소중한 의미를 발견할 수 있게 된다. 같은 일을 하더라도 어떤 자세로 임하는가에 따라 그 결과가 완전히 달라진다. 이에 관한 재미난 이야기가 있다.

세 사람의 벽돌공이 벽돌을 쌓고 있었는데 지나가던 사람이 지금 무엇을 하고 있느냐고 물었다. 그러자 한 벽돌공이 "돈을 벌고 있다"고 대답했다. 다른 한 벽돌공은 "벽돌을 쌓고 있다"고 대답했다. 그런데 마지막 벽돌공은 전혀 다른 대답을 했다. "세상에서 가장 아름다운 성당을 짓고 있다"고 답하는 것이었다.

세월이 흐른 후에 이 세 사람의 벽돌공은 각기 어떤 모습으로 살아가고 있을까. 많은 생각을 하게 하는 이야기다. 남들이 인정하든 그렇지 않든 자기가 하는 일에 스스로 의미와 가치를 부여하는 일은 인생을 살아가는 데 매우 중요한 덕목이다. 같은 일을 하더라도 그 일이 미래에 어떤 놀라운 결과를 가져올지 모르기 때문이다. 아름다운 성당을 짓고 있다고 이야기한 벽돌공이 훗날 유명한 건축가가 되어 있을 수도 있다.

아무리 작은 일이라도 그 의미를 스스로 발견하고, 다른 사람에게 도움을 준다는 자부심을 갖고 있는 사람에게는 일이 고역이 아니라 즐거움이 될 수 있다. 자기가 하는 일에 대해 속으로 좋은 느낌을 갖고 있으면 누가 알아주지 않아도 상관이 없다. 이렇게 작은 느낌들이 자기 안에서 하나씩 쌓이면 스스로 얼마나 소중한 존재인지 느낄 수 있기 때문이다. 또 앞으로 어떤 일이 닥칠지에 대한 걱정은 별로 하지 않게 되고, 미래를 열린 마음으로 받아들일 수 있다.

나는 우리 직원들이 일을 통해 이런 경험을 더 많이 할 수 있었으면 좋겠다. 기업이 잘 굴러가는 데 있어서 외형적인 성장이나 체계적인 시스템보다 더 중요한 것은 구성원 한 사람 한 사람이 자신이 하고 있는 일에 혼을 불어넣고, 내가 하는 일이 많은 사람에게 풍요로운 삶의 기반을 제공한다는 자부심을 갖는 것이라고 생각한다. 모든 구성원이 이런 마음을 키워간다면 국내 최고를 넘어 세계적인 기업으로 우뚝 설 수 있을 것이다.

# 인내와 집중으로 얻지 못할 것은 없다

일본에서는 철강업이 왕자 아니면 거지가 되는 일이라고들 말한다. 한창 꼭대기에 올라가 있다가도 언제 밑바닥을 칠지 모르는 기복이 매우 큰 사업이 바로 철강업이기 때문이다. 게다가 엄청난 시설투자가 필요한 장치산업이어서 상당한 인내심이 필요하다. 투자액은 크지만 투자에 대한 반응은 아주 늦게 나타난다. 시설투자 금액이 많다보니 자금조달 방법이나 시기, 투자 결정 시점 등을 다각도로 고려해야 한다. 평상시에 대비하지 않으면 침체기에 극복하기 어렵고, 참고 견뎌야 할 일들이 한둘이 아니다.

원재료가 되는 고철을 엄청나게 쌓아놓았는데 불경기를 만나 제품 판매가 원활하지 않을 때는 하루하루가 견디기 힘든 고역이지만 이런 고비를 잘 넘겨야 사업을 지속적으로 운영해나갈 수 있다. 그래서 너무 예민한 사람은 아무리 뜻이 있어도 지속할 수가 없고, 끝없는 인내심과 투철한 신념이 있어야 가능한 일이다.

우리 회사는 오랜 기간 다른 분야에는 눈을 돌리지 않고 철강 한 분야에만 주력해왔다. 다른 사업에 대한 관심이나 제의가 없었던 것은 아니지만 철강업의 특성상 한길로만 매진하기에도 벅찬 측면이 있다. 그래서 많은 기업이 문어발식 경영을 할 때도 나는 오직 철강만 보고 달렸다. 물론 한길만 성실하게 걸어온 나의 경영방침으로 인해 기업이 더 크게 성장할 수 있는 기회를 놓친 때도 있었을 것이다.

그러나 열 형제의 맏이로 아버지가 남긴 기업이라는 유산을 지키고, 가족들을 비롯해 기업에 헌신하는 대한제강 직원들을 책임져야 하는 내 입장에서는 하나라도 제대로 하면서 기업을 탄탄하게 다져나가지 않으면 안 된다고 생각했다. 우리 회사와 비슷하게 출발해서 더 크게 운영하다가 흥한 사람도 있고, 더 크게 키우려다가 망한 사람도 있기에 내가 꼭 옳았다고 할 수는 없지만 크게 후회는 없다. 지금껏 한눈팔지 않고 성실하게 한길만 걸어왔던 것이 지금까지 대한제강을 이끌어온 원동력이 되었던 것 또한 사실이기 때문이다.

당장 어느 회사를 인수합병하면 막대한 이익이 난다는 제안이 있을 때도 나는 하나라도 여물게 해야 한다며 관심을 두지 않았다. 요즘 젊은 사람들 눈에는 이런 나의 경영 방식이 구식으로 느껴질지도 모르겠지만, 기업경영의 원리는 아주 정직해야 한다는 것이 내 생각이다. 능력도 여력도 없으면서 남이 하는 대로 다 따라 하려고 들면 얼마 못 가서 무너진다. 실체는 없이 숫자놀이로 기업을 운영하는 것은 기업경영의 본질과 거리가 먼 것이다. 또 그것이 얼마나 위험한 일인지는 최근 겪었던 글로벌 금융위기의 교훈에서도 잘 알 수 있다.

중요한 시점에 결단을 내려야 하거나 주변에서 이런저런 좋은 제안을 받았을 때도 나는 고민에 고민을 거듭하고 여러 요소들을 복합적으로 생각해 결정을 내리는 편이다. 그래서 어떨 때는 좀 느리다 싶기도 했지만, 한번 정하면 오로지 그 한 가지 목표만 보고 달려가는 구석이 있다. 어떤 어려운 일도 오랜 시간 한 가지에만 몰두하다보면 해결하지 못할 것이 없다.

멕시코의 원시부족 타라우마라의 원주민은 달리기를 아

주 잘하는 것으로 알려져 있다. 이들은 험한 산악지대에 살고 있는데, 재미삼아 며칠씩 달리기 시합을 할 정도로 달리기를 즐긴다고 한다. 그런데 이 부족의 사냥법이 상당히 특이하다. 오직 맨발로 아무런 도구도 없이 사슴을 사냥하는데도 꽤 높은 성공률을 자랑한다.

이들의 사냥법은 매우 간단하다. 사슴 무리를 만나면 조용히 다가가서 무리에서 떨어진 가장 약해 보이는 사슴 한 마리를 쫓기 시작한다. 창을 던지거나 화살을 쏘지도 않고 계속 사슴만 보고 쫓아간다. 사슴이 아주 먼 길을 달리면 원주민도 멀리 달린다. 행여 사슴을 놓치더라도 포기하지 않는다. 사슴의 발자국과 분비물을 살피면서 계속 뒤를 쫓는다. 사슴을 쫓아가다가 손쉽게 잡을 수 있는 다른 사냥감을 만나도 한눈파는 일이 없다. 그렇게 오랜 시간을 오직 처음에 정한 사슴만 쫓으며 달리다보면 결국엔 사슴이 지쳐 쓰러진다.

타라우마라 원주민은 끈질기게 쫓는 이 한 가지의 무기만으로 결국 사냥에 성공한다. 세상 어떤 일이든 그만한 집념만 있다면 성공할 수 있다는 것이 내 생각이다. 원하는 것을 손에 넣기에는 너무 가진 것이 없다고 한탄만 하고 있을 수는 없다. 맨발 하나로 결국 사슴을 손에 넣는 타라우마라 원주민처럼 내가 가진 것이 비록 작고 보잘것없는 것이라 할지라도 인내하며 집념을 불태우다보면 언젠가는 진정으로 원하는 것을 손에 쥘 수 있다. 중요한 것은 스스로 견디고 인내할 수 있는 힘을 얼마나 지니고 있는가 하는 것이다. 스스로에게도 감동적일 만큼 인내하고 노력했다면 반드시 그에 대한 보답이 따른다. 그걸 믿는다면 주저앉고 싶은 순간, 바로 너머에서 원하는 것을 손에 넣을 수 있을 것이다.

# 정글의 법칙은 통하지 않는다

무한경쟁시대를 살아가는 현대인들에게 많이 퍼져 있는 잘못된 생각들 가운데 하나가 정글의 법칙이다. 세상은 정글과 같아서 강한 자만이 살아남기 때문에 가능한 모든 수단과 방법을 동원해 상대를 꺾고 이겨야 한다는 것이다. 기업을 경영하는 사람들 가운데도 어떤 문제든지 약육강식의 논리로 이해하려는 이들이 있는데, 이는 매우 위험한 발상이다.

약육강식의 논리에 사로잡히다보면 상대를 잘 헤아리지 못하고, 경쟁업체는 물론 자기 직원이나 협력업체들까지 적대시하기 쉽다. 이런 태도가 반짝 이익을 가져다줄 수 있을지 모르겠지만 장기적으로 보면 결국 자승자박하는 꼴이 된다. 또 모든 상황을 전투적으로 대하다보면 기업가가 가져야 할 가장 중요한 덕목인 평정심과 판단력이 흔들리기 쉽다.

가장 강한 기업만이 살아남는다는 생각은 극히 시대착오적인 발상이다. 기업 경쟁의 승자는 언제나 시장을 제대로 읽고 고객의 요구에 부응하는 자였다. 꾸준히 인내심을 가지고 자기 나름대로의 방식으로 승부한 사람들은 어떤 치열한 경쟁 속에서도 살아남는다. 그렇게 본다면 결국 내가 경쟁해야 할 상대는 남이 아니라 바로 나, 자신이다. 다만 업계에서 강자의 위치에 오르는 것은 부수적으로 따라오는 선물일 뿐이다.

막대한 자금을 쏟아부으면서 업계 최고의 자리에 오르겠다는 의욕을 불살랐는데도 고객의 이해와 요구를 읽지 못하고 엉뚱하게도 다른 업체에 그 자리를 내주는 경우가 허다하다. 좋은 시절에 안주하고 작은 경쟁에만 치중하면서 급변하는 외부 환경에 대처하지 못하는 사이에 강자의 위치를 내놓아야 했던 기업들도 많았다.

기업의 성공 요소가 결국 자본이나 규모가 아니라는 방증이다. 기업의 성공은 기업이 먼저 자신의 본질에 충실할 때 보장되는 것이다. 남과의 비교나 경쟁이 아닌 자신과의 비교와 경쟁에 집중할 때만 우리는 자신만의 차별화된 전략을 세울 수 있다. 물론 같은 업계에서 더 잘해나가는 기업들을 보고 배우는 것은 매우 필요한 일이다. 하지만 벤치마킹을 한다고 무조건 좋은 것만 보면 안 된다. 자타를 막론하고 실패에서도 교훈을 찾을 수 있어야 한다.

지금의 기업환경에선 이제 영원한 일등은 존재하지 않는다. 고객의 입장에서 생각하고 스스로를 냉정하게 분석하는 힘을 가진 사람만이 강자의 자리를 지킨다. 그래서 모든 기업은 철저히 고객 만족의 관점에서 출발해야 한다. 기업에 있어서 고객은 내가 생산해서 판매하는 상품을 구매하는 소비자만을 이야기하는 것이 아니다. 직원과 주주, 회사의 이해관계자 등 내부고객도 중요하다. 고객 관리만 잘해도 사업의 절반 이상은 이미 성공한 것이다.

가혹한 자연환경이 주어질수록 여러 생물체가 서로 힘을 모아 공생함으로써 생존할 수 있다. 아무리 커다란 나무도 숲을 이루는 자리가 아닌 곳에 홀로 서 있다면 바람에 쉽게 쓰러진다. 연약해 보이는 나무들도 서로 가까이에서 무리를 지어 있다면 각각의 뿌리들이 뒤엉켜서 서로를 붙들어준 덕분에 매서운 태풍이 와도 견딜 수 있다. 한 기업에서 어느 특정 부서가 강력하다고 해서 사업적으로 성공할 수 없는 것도 바로 이런 이치다. 모든 부서가 서로 유기적으로 연결돼야 효과를 극대화할 수 있기 때문에, 어느 부서가 특히 중요하고 어느 부서가 중요하지 않다고 생각하는 것은 편견에 사로잡힌 낡은 사고방식이다.

오늘날 시장은 늘 변한다. 달라지는 환경에 적응하기 위해서는 늘 변화에 대응할 준비가 되어 있어야 한다. 사실 정글의 법칙이라는 것도 가만히 살펴보면 누가 어떤 방식으로 변화된 정글에 적응해서 생존하는가 하는 것이 그 본질이다. 그래서 약육강식이라는 단순한 법칙만으로 해석하기에는 무리가 있다. 정글에는 수많은 동물과 식물이 서로 돕고 조화를 이루면서 살아간다. 거기에 독불장군은 없다. 자연이 그렇고 세상살이가 그렇듯이 기업환경이나 나라 경제도 강자만이 존재하는 것이 사실이라면 길은 결국 하나밖에 없다. 다 같이 망하는 길이다.

자연계의 경쟁은 다른 개체가 가진 것을 빼앗고 그 자리를 차지하기 위해 존재하는 것이 아니다. 자연계는 자기를 지킬 수 있는 힘을 갖기 위해 투쟁할 뿐이다. 매일매일 자신을 키우고 변화시키면서 자신의 존재 기반을 다져가는, 이것이 제대로 된 경쟁이다. 이런 경쟁 속에는 또 한 가지의 법칙이 있다. 하나를 얻기 위해 다른 하나를 내어주면서 함께 이득을 취하는 것이다. 이것은 기업 간 경쟁에서도 유용한 힌트가 된다.

받기 위해서는 먼저 주어야 하고, 주었다면 반드시 보상이 있는 것이 바로 비즈니스의 법칙이다. 세상에 거저 얻을 수 있는 건 아무것도 없다. 진정으로 받고 싶은 것이 있다면 무형의 것이든 유형의 것이든 먼저 넉넉히 내주어야 한다.

이렇게 먼저 상대의 이득을 고려하며 내어준다면 자연스럽게 사업이나 거래가 확장되고 실적은 늘어나고 삶은 더 풍요로워질 것이다.

# 능력보다 중요한 것

아무리 특출한 능력을 가진 사람이라도 혼자 힘으로 기업을 이끌어갈 수는 없다. 기업의 장단기 목표를 함께하면서 같이 뛰어줄 사람이 반드시 필요하다. 기업의 모든 일은 결국 사람이 하는 것이다. 그러므로 어떤 인적 구성을 갖추었는지와 그 인적 구성을 잘 운용하는지가 기업의 승패를 좌우할 만큼 중요한 문제다. 그렇기 때문에 경영자의 입장에서 가장 중요하고 가장 힘든 문제가 바로 사람 문제다.

리더든 직원이든 자기 몫을 해내지 못하면 망하는 것이 기업이다. 특히 기업 초창기에는 어떤 인재를 발굴해 주요 관리자로 삼는가에 따라 기업의 운명이 달라지는 경우가 많다. 지금은 경영 일선에서 물러나 일체 관여를 하고 있지 않지만, 예전에는 내 나름대로의 변치 않는 인사 원칙이 있었다. 내가 직원들을 보면서 가장 중요하게 평가했던 기준은 성실함과 헌신성이다.

직원들은 대체로 경영자 앞에서는 성실하고 부지런하게 보이려고 애를 쓴다. 그러나 구체적인 사안을 두고 같이 일하다보면 누가 정말 성실하고 헌신적인 사람인지 금방 알 수 있다. 믿을 수 있는 사람은 조금만 눈여겨봐도 느낌이 온다. 사람의 마음 자세는 어떻게든 행동으로 나타나게 마련이다.

나는 기본적으로 머리가 좋고 능력이 뛰어난 직원보다 성실하고 헌신성이 높은 직원들을 더 높이 평가했다. 그리고 가능성이 있어 보일수록 더 고삐를 당기고 담금질을 하는 방식으로 최대한 역량을 키우려고 애썼다. 크게 기대를 하지 않는 사람은 잘못을 해도 크게 나무라지 않았다. 안 될 일에 공연히 힘을 뺄 필요는 없기 때문이다. 그러나 회사를 이끌 재목이라고 생각되면 더없이 냉정하게 대했다. 나에게 많이 혼이 나고 혹독하게 시달린 사람일수록 더 가능성이 큰 사람이라고 할 수 있다.

오랜 시간을 두고 능력이 검증된 사람이라면 나는 권한을 과감하게 넘기는 편이다. 그리고 한번 믿은 사람은 끝까지 믿고 상호 간 신의를 쌓으려고 노력했던 덕분에 현재 우리 회사에서 주요한 직책과 역할을 맡아 잘해나가고 있는 간부들 중에는 수십 년 경력을 가진 사람들이 제법 있다.

회사를 경영하다보면 아래 직원이 크게 실수할 때도 있고 도무지 마음에 들지 않을 때도 있다. 이런 경우에 경영자는 자신을 먼저 돌아봐야 한다. 어떤 사람이든지 각자가 잘할 수 있는 것이 있다. 자기가 가진 능력을 발휘하지 못한다면 주어진 업무가 맞지 않거나 리더가 잘못 이끌었기 때문이다. 하찮은 풀도 잘 활용하는 사람의 손에서는 존재가치를 발휘하지만 귀한 약초도 알아보지 못하는 사람에겐 무용지물이 되고 만다. 사람마다 각자의 능력이 있고, 주어진 그릇이 있다.

기업에서 유능한 인재가 만들어지는 과정은 마치 훌륭한 요리를 만드는 것과 같다. 요리가 훌륭하려면 무엇보다도 먼저 내가 만들려는 요리에 걸맞은 좋은 재료를 구해야 한다. 마찬가지로 유능한 일꾼이 되려면 성품이나 바탕, 일을 대하는 자세가 회사가 추구하는 방향에 맞아야 한다. 그러나 아무리 좋은 재료도 요리사를 잘못 만나면 망치고 만다. 기업에서 요리사의 역할을 하는 것은 바로 경영자이다.

훌륭한 요리는 먹어주는 사람의 태도도 중요하다. 가치를 모르는 사람에게는 아무리 좋은 요리를 내놓아도 소용이 없다. 기업에서는 내부고객인 직원들과 외부고객인 거래처가 바로 요리를 먹어주는 사람이라고 할 수 있다. 요리사 마음에 든다고 훌륭한 요리로 평가되는 것이 아니듯이 제아무리 뛰어난 능력을 가진 사람도 결국 조직의 구성원이나 고객의 마음을 얻지 못하면 제 역할을 발휘할 수가 없다.

하지만 요리에서 가장 중요한 것은 결국 요리사다. 요리의 재료가 좀 신통치 않아도 훌륭한 요리를 만들어내는 요리사가 있다. 요리의 참맛을 모르는 사람들로 하여금 그 가치를 알게 하는 것도 결국 요리사만이 할 수 있는 일이다. 기업 또한 마찬가지여서 한 사람의 훌륭한 인재는 결국 경영자의 손끝에서 나온다고 할 수 있다.

자기 회사에 유능하고 능력 있는 인재가 많기를 바란다면 먼저 경영자가 원하는 인재상에 맞게 솔선수범하는 모습을 보여주어야 한다. 직원들이 성실하기를 바란다면 경영자가 가장 성실한 태도를 보여야 하고, 회사에 대한 강한 애사심을 가진 직원이 많기를 바란다면 먼저 회사에 열정을 쏟는 모습을 보여야 한다.

이렇게 말보다는 행동으로 보여주는 것들이 있어야 회사 조직에 자신이 원하는 인재가 더 많아질 수 있다. 나는 회사가 아무리 어려울 때도 직원들의 월급을 늦게 지급한 일이 없다. 내가 직원들과 맺은 약속의 기본을 지키는 일이기 때문이다. 많은 말을 하지 않아도 직원들이 나에 대한 믿음을 잃지 않았던 것은 내가 먼저 약속을 지키기 위해 노력했기 때문이다.

경영자는 높은 자리에 있는 사람이 아니다. 산 정상에 오르면 아래가 다 내려다보이듯이 전체를 볼 줄 아는 위치에 있기 때문에 조직에 필요한 사람들을 키워낼 수 있는 그런 사람이다. 경영자는 또한 구성원들의 자발성을 끌어내기 위해 기다리고 침묵할 줄 아는 능력이 있어야 한다. 또한 많이 묻고 잘 듣는 사람이어야 한다. 다른 사람의 말을 잘 듣지 않으면 제대로 질문할 수가 없고, 제대로 묻지 못하면 본질이나 해결점을 찾아낼 수 없다.

경영자는 언제나 일 처리가 공정하고 합리적이어야 한다. 매사에 일을 중심에 놓고 판단해야지 개인적인 감정에 치우쳐서는 안 된다. 경영자의 카리스마라는 것은 일방적인 권위로 얻어지는 것이 아니다. 결국 믿고 따라도 좋을 만큼 공정하고 합리적으로 의사를 결정하는 모습이 차곡차

곡 쌓여 신뢰를 통해 자연스럽게 얻어지는 것이다.

우리 회사는 그동안 수많은 난관을 헤치며 오늘날의 모습을 갖추었다. 그 과정에서 함께했던 사람들의 보이지 않는 땀이 있었다. 우리 공장에서 일하는 많은 사람은 고열에 시달리며 거친 작업들을 수행한다. 가끔씩 현장에 들어가 악조건을 이기며 열심히 땀 흘리며 일하는 직원들을 볼 때마다 안타깝기도 하고 숙연함마저 든다. 특히 회사가 어려울 때 나는 현장에 나가서 현장 직원들이 일하는 모습을 보며 많은 힘을 얻었다.

위기가 찾아왔을 때 사람들의 힘을 모으는 것만큼 중요한 것은 없다. 무엇보다도 회사를 위해 일하는 직원들에게 정성으로 마음을 쏟고, 직원들의 진심을 알아주는 것이 가장 중요하다. 우리 회사는 그런 면에서는 상호 간의 신의와 의리를 상당히 잘 지켜왔다고 자부한다.

# 장수 기업의 재발견

치열한 경쟁 속에서 많은 기업이 생겨나고 사라지기를 반복했다. 지난 30년간 전 세계 100대 기업으로 꼽히던 회사들 가운데 열 곳 중에 여섯 곳이 사라졌다. 국내 상황도 크게 다르지 않아 국내 굴지의 대기업 가운데 20년 이상 확고한 위치를 유지한 기업은 극소수에 불과하다. 그러니 중견기업이나 중소기업들은 말할 것도 없다.

우리나라는 자본주의의 역사가 짧은 관계로 50년 이상 지속해온 기업이 그리 많지 않다. 하지만 의외로 철강업계에는 그런 기업들이 제법 있고, 우리 회사도 그런 기업 중 하나다. 그래서 그동안 일간지나 철강 전문지 등을 통해 우리 회사의 발자취가 많이 소개되기도 했는데, 오랜 역사를 지켜온 기업들을 가만히 살펴보면 대체로 창업주의 정신을 이어받아 지속적으로 성장해온 가족기업이 많다.

우리 회사도 그동안 가족경영체제를 유지해왔다. 시기에 따라 잠시 외부인이 대표이사직을 맡았던 적도 있지만, 선친인 오우영 선대 회장의 뒤를 이어 내가 대표직을 맡아 기업을 운영했고, 지금은 막냇동생인 오형근 사장과 아들인 오치훈 부사장이 회사 경영을 맡아 새로운 시대를 열어가고 있다. 또 그동안에 둘째, 셋째, 일곱째 동생이 나를 도와 회사를 함께 꾸리기도 했다.

막냇동생인 오형근 사장은 열 형제 중 장남인 나와는 나이 차가 많이 난다. 그래서 때로 부자지간으로 오해받기도 하는데 20년 넘게 생사고락을 함께해왔기 때문에 이제는 서로 눈빛만 봐도 의중을 알 수 있을 정도다.

오형근 사장은 우리 회사에서 평사원으로 시작해 고철 검수에서부터 영업 관리까지 다양한 경험을 쌓은 후에 대표의 지위를 얻었다. 내가 사업적으로 가장 힘들었던 80년대 중반부터 묵묵히 내 곁을 지키며 고통을 함께하고 고난을 같이 헤쳐나왔다. 그동안 회사에 쏟은 정성과 땀은 누구보다도 내가 제일 잘 알고 있다. 그리고 언제나 겸손한 자세를 잃지 않고, 자신을 뽐내지 않으며 가업을 지켜가는 무거운 책임을 기꺼이 받아들인 동생이어서 각별한 마음이 들 때가 많다. 함께 경영 일선을 지휘하고 있는 오치훈 부사장과도 서로 마음을 잘 맞추면서 회사를 원만하게 이끌어가고 있는 것 또한 나로서는 참 고마운 일이다.

가족기업은 내가 생각하기에는 사실 단점보다 장점이 더 많다. 우리 사회에서 가족기업에 대해 세습이라고 곱지 않은 눈으로 비판하는 것을 잘 안다. 가족기업이라고 하면 체계적이지 못한 시스템과 영세한 규모, 투명하지 못한 족벌경영이라는 좋지 않은 측면을 먼저 떠올리는 사람이 많지만, 내가 알기로는 사실 가족경영체제로 운영되어온 기업들 중에서 오히려 건실한 재무구조와 긍정적인 기업 풍토를 유지하고 있는 곳이 더 많다.

미쉐린, 월마트, 리바이스, 이케아, 모토로라, 제이피모건 등 세계적으로 이름이 알려진 많은 기업 가운데는 가족기업으로 시작해 글로벌 장수 기업으로 거듭난 사례가 흔히 있다. 〈포춘〉지에서 선정한 세계 500대 기업 중에 40퍼센트가량은 가족기업이고, 현재 미국 근로자의 절반 이상은 가족기업에서 일한다. 혈연을 초월한 장인정신으로 오랜 역사를 지속해온 기업이 많은 일본이나 독일, 프랑스 등의 상황을 감안하면 가족경영으로 유지해온 장수 기업은 전 세계 기업 중 상당 비율을 차지할 것이다.

최근 들어 많은 경제전문가들이 가족기업에 주목하고 있다. 가족기업의 성공비결을 통해 영속할 수 있는 기업의 핵심 요소를 찾아내는 연구도 활발하다. 이런 전문가들은 가족기업들의 성공 요소로 연속성, 공동체의식, 관계, 지휘를 꼽고 있다. 기업은 결국 자신이 생산, 판매하는 제품으로 승부한다. 아무리 뛰어난 경영기법을 도입해도 제품경쟁력이 떨어지면 기업이 성장하고 발전할 수 없다. 뛰어난 제품경쟁력은 자기 제품에 대한 철저한 장인정신이 기반이 될 때 갖출 수 있는 것이다.

가족기업의 경우 대를 이어 품질을 향한 꺾이지 않는 열정을 이어갈 수 있고, 이를 위한 생산성 향상이나 시스템 강화에 장기간 투자할 수 있는 이점을 지니고 있다. 가족구성원의 참여로부터 비롯된 공동체의식을 발전시켜 직원 전체의 공동체의식을 높이는 데도 가족기업이 유리하다. 이는 관련 업계에서의 원활한 상호작용과 관계성으로 이어진다. 가족기업을 잘 운영하면 리더가 결단력을 가지고 신속하게 의사결정을 내리고 혁신적인 방안을 실현해 변화하는 시장에 빠르게 대처하는 능력을 갖게 되고, 오너와 경영자가 일치하기 때문에 눈치 볼 일이 별로 없다. 일반적으로 전문경영인들은 단기적인 경영 실적을 올리는 데 신경을 많이 쓰지만, 오너는 장기적인 성장 관점에서 기업을 바라본다. 그래서 기업의 중심을 잡고 미래의 방향을 바르게 설정하는 일을 전문경영인에게 맡기는 것은 현실적으로 한계를 갖는 경우가 많다.

가족경영체제에서는 기업조직 내에 쓸데없는 계파 싸움이 적다. 물론 가족 간에 경영권을 놓고 피 터지게 싸우는 좋지 않은 사례들도 있지만, 가족이라는 끈끈한 관계는 어떻게 운영하느냐에 따라 구성원들이 업무와 관계없는 불필요한 일에 에너지를 소모하는 폐단을 줄일 수 있다.

누구보다도 허심탄회하게 의논할 수 있는 상대가 바로 가족이다. 또 오랜 기간 서로 관계 맺음을 통해 남보다 많이 이해하고 있기 때문에 중요한 시기에 중대한 판단을 빠르게 결정하고 수행하는 데 큰 도움이 된다. 기업이 성장하는 과정에서 피할 수 없는 것이 위기 상황이다. 어떤 기업이든 위기의 순간을 겪으면서 고비를 넘긴다. 이때 가족기업은 마음을 모으고 사재를 내놓으면서까지 기업을 지키려는 경우가 많다.

가족기업에서는 무엇보다 가족의 화목과 형제, 자녀의

우애도 매우 중요하다. 가문의 명예를 지킨다는, 이익을 넘어선 정신적인 측면에서 긍정적인 역할을 한다. 우리 회사가 오랜 기간 오직 철강업 한길에 매진해오며 어엿한 중견기업으로 성장할 수 있었던 것은 국제시장의 철물노점상으로 시작해 맨손으로 기업을 일으켰던 선친의 정신을 후대까지 이어가고자 하는 마음이 컸기 때문이다.

이렇게 창업주의 피와 땀이 녹아든 기업을 아끼는 마음이 있기 때문에 세간에서 보는 것과 달리 2세나 3세 경영이 자리잡고, 시기에 따라 기업을 보다 성장시키는 동력이 되는 사례가 더 많았다.

그러나 가족경영이 이런 장점들을 잘 활용해 장수 기업으로 거듭나기 위해서는 반드시 지켜야 할 것이 있다. 기업경영을 승계하는 과정에서 철저히 능력을 검증받아야 하고, 자격이 되지 않을 때는 혈육이라도 냉정하게 배제할 수 있는 과단성이 있어야 한다. 그러기 위해서는 경영을 맡기겠다고 결정한 가족구성원을 밑바닥부터 혹독하게 훈련시키는 과정이 필요하다. 내가 동생이니까, 아들이니까 언젠가는 저 자리에 갈 것이라는 나태한 생각으로는 지키기 어려운 것이 가족기업이기 때문이다.

그래서 나는 많은 동생들이 기업 운영에 참여해 함께할

때도, 막냇동생이나 아들에게 중요한 직책을 맡길 때도 수년간에 걸쳐 다양한 시험을 거치도록 한 후 결정을 내렸다. 자기 혈육에게 마음이 기우는 것은 인지상정이다. 하지만 그런 마음을 극복하지 못하면 기업의 미래를 장담할 수 없다. 공정하게 능력을 평가받는 과정을 거쳐 일정한 자격을 갖춘 리더가 아니라면 직원들이 따를 리 만무하기 때문이다.

## 믿는다면 과감히 맡겨라

새로운 경영진이 회사 운영을 맡으면서 지난 몇 년 사이 우리 회사는 많은 변화가 있었고 회사 전체적으로 볼 때 이러한 새로운 변화는 상당히 긍정적인 결과들을 가져왔다. 내가 경영 최전선에서 지휘할 때와 지금은 시장환경이 많이 달라졌다. 내가 매진했던 방식으로 질 좋은 제품을 생산하고 회사 성장에 걸맞게 시설을 증축하는 것만으로는 부족한 점이 많았다. 요즘 직원들은 디지털 환경을 통해 중요한 업무를 처리하고 관련 업계와 교류하며 영업적인 성과를 올리고 있다. 대한제강은 전사적자원관리(ERP) 시스템을 구축함으로써 구매 자재, 생산, 영업, 재무회계 부문 등 전 분야의 관리 업무를 통합적으로 운영하면서 조직 운영의 효율성을 높일 수 있었다.

지난 세월 회사를 철강업계의 중견기업으로 성장시키면서 미처 신경을 쓰지 못하던 일이나 놓치고 있던 일들도 새로 맡은 경영진이 훌륭하게 진행하고 있다. 대한제강의 얼굴이라고 할 수 있는 CI를 개편하고 사사의 편찬 등을 통해 대한제강의 기업 이미지나 구성원들의 자긍심을 높이는 작업은 현장만을 바라보고 살아왔던 나로서는 사실 엄두를 내기 어려운 일이었다.

2005년 증권선물거래소에서의 상장은 필요 자금을 조달하려는 목적보다 회사 실적의 우수성을 입증하고, 대한제강이 경쟁력 있는 기업으로 평가받으면서 영업적으로 회사를 널리 알릴 수 있는 측면에서 좋은 점이 더 많았던 것 같다.

최근 몇 년 사이에 인적 보충도 많았고, 구성에도 변화가 있었다. 철강은 원래 인적 교류가 적은 업종인데, 나름대로 전문적인 지식이나 경험 없이 접근하기 어려운 면이 있기 때문이다. 그렇다고 동일 업종의 경력자만으로 인적 구성을 획일화하게 되면 나타나는 문제들도 있다. 그런 의미에서 전기전자나 상사 등 타 업종에서 다양한 경험을 가진 인재들을 영입하여 미래지향적인 새로운 부서를 만들고, 우리가 알 수 없었던 인재들의 전문 경험을 조직에 녹아들게 했다. 이렇게 기존의 문화에 새로운 에너지를 불어넣은 시도는 긍정적인 측면이 더 많았다고 생각한다.

종업원을 위한 복리시설이나 복지제도 등에서도 괄목할 만한 성장을 이루었다. 그로 인해 직원들의 안정적인 근무가 가능해지고 생산성 향상에도 많은 도움이 되었다. 변화하는 시대에 어울리는 능력을 갖추기 위해 다양한 교육프로그램을 마련해 직원들의 잠재적인 능력과 열정을 이끌어낸 것 또한 내가 미처 하지 못했던 일들이다.

이제 대한제강의 제품은 국내시장을 넘어 동북아시아의 대만에서부터 베트남, 필리핀, 미얀마 등 동남아시아를 거쳐, 서남아시아의 방글라데시 그리고 사우디아라비아, 이란과 같은 중동지역까지 수출하면서 시장영역을 확장해나가고 있다. 향후 많은 기업에 요구되는 환경 분야에서의 노력도 대한제강이 앞장서서 실천함으로써 2012년에는 부산시 환경관리 우수업체로 선정되기도 했다.

우리 회사에서 오래 근무한 근속 직원들은 근래 들어 초창기와는 비교할 수 없을 정도로 많은 변화와 발전을 피부로 느끼고 있을 것이다. 다행인 것은 이런 변화들이 나를 비롯한 기존의 구성원들에게 전혀 이질적이지 않고 오히려 아직까지 알지 못했던 스스로의 가치를 발견하고 자부심을 갖는 데 도움을 주고 있다는 사실이다.

지난 2009년에 우리 회사는 전문가의 도움을 받아 내부적으로 핵심 가치를 재설정하고 회사 전반에 실현할 수 있도록 하는 데 노력을 기울였다. 그리고 새롭게 설정된 기업의 핵심 가치는 우리 회사가 앞으로 나아갈 바를 잘 보여주고 있다.

현재 우리 회사의 핵심 가치는 '성실'과 '혁신'이다. 어떤 상황에서도 흔들리지 않는 도덕적 신념으로 성실하게 운영하고, 늘 새로운 것에 도전하는 진취적인 자세로 혁신을 실천함으로써 기업의 미래를 열어간다는 의미를 담고 있다. 성실과 혁신은 지난 반세기 동안 회사를 지속해온 힘과 향후 1백 년을 개척해나갈 미래를 동시에 담고 있다.

이제 우리 회사는 내가 경영 일선에서 뛰던 시절과는 많은 부분에서 다른 흐름으로 나아가고 있다. 내가 한 그루의 나무를 심으면서 뿌리에 흙을 돋우고 줄기를 바로잡은 사람이라면, 새로운 사람들은 그 나무에서 잎이 돋고 열매가 열릴 수 있도록 해야 하는 그런 단계다.

"나무는 꽃을 버려야 열매를 맺고 강물은 강을 버려야 바다에 이른다(樹木等到花 謝才能結果 江水流到舍 江才能入海)."

이 옛글은 지금 우리 회사가 처한 상황과 꼭 들어맞는 이야기인 것 같다.

# 함께 일하고 삶을 나누고

지금까지 대한제강이 이루어온 모든 성과의 원동력은 조직 구성원들 간의 변함없는 신뢰였다. 회사가 어려울 때마다 노사가 한마음이 되어 더 열심히 생산과 판매에 매진하면서 어려움을 이겨냈다. 사회적으로 노사대립이 극에 달했던 시기에도 우리 회사는 일관되게 협력과 상생의 문화를 가꾸었다.

아무리 과일이 먹고 싶어도 나무가 잘 자라야 과일을 따먹을 수 있다. 나무가 열매를 맺을 만큼 자라기도 전에 서로 과일을 따먹겠다고 덤비는 것은 어리석은 일이다. 어떤 기업이든지 초기에는 여러 가지 어려움이 있을 수밖에 없고, 서로 나눌 성과도 미미하다. 그러나 상호 인내하고 협

녹산공장 완공을 알리며, 함께한 47개사에 인사 광고를 했다.

조하면서 일정 수준으로 성장한 후에는 기업 구성원들이 힘을 합쳐 이뤄낸 성과를 즐거운 마음으로 나누면서 더 큰 발전을 이룰 수 있다. 회사는 최선을 다해 직원의 고용과 삶의 안정을 보장하고, 노조는 생산성 향상으로 보답하는 이런 상호 신뢰의 관계는 기업경쟁력의 근본이다.

노동자 없는 기업이 없고, 기업 없이는 노동자 또한 존재할 수 없다. 극단에 치우친 적대적인 노사관계로는 기업도, 근로자도 생존할 수 없다. 지금처럼 경제가 총체적인 어려움에 처한 시기에는 더욱더 합리적인 노사관계를 통해 공존공생하는 노력이 절실히 요구된다.

협력적인 노사관계에서 무엇보다 중요한 것은 경영자의 확고한 철학과 의지다. 직원들이 자신의 가장 중요한 사업 파트너이며 동료라는 생각을 가지고 있다면 노사가 발전할 수 있는 방법은 얼마든지 찾아낼 수 있다. 직원은 자기 인생의 소중한 시간들을 회사에 맡긴 사람들이다. 또 일생을 함께하는 가족들과 다름없는 존재다. 따라서 직원들이 행복해야 경영자도 행복하고, 기업을 경영하는 보람을 느낄 수 있다.

기업의 모든 과정은 결국 사람이 수행하는 것이다. 그러므로 함께하는 직원 모두가 자신의 능력을 지속적으로 발전시키고, 일적 성취를 통해 삶을 더 풍요롭게 할 수 있을 때 회사 또한 지속적으로 발전할 수 있다. 회사가 훌륭한 인재를 채용하고 직원들을 위한 제도의 도입이나 직원교육에 투자를 아끼지 않아야 하는 것도 바로 그 때문이다.

오늘날의 기업에서 노사관계는 과거와 다른 면이 많다. 물질적인 보상이 우선시되었던 과거와 달리 근로조건의 개선이나 사원복지의 확대, 직원 존중과 조직원 상호 간 신뢰의 문화가 직원들을 더 열심히 일하도록 하는 요인인 경우가 많다.

나 또한 회사가 직원 개개인의 삶을 보다 행복하고 의미있게 만들어가는 데 일조하기를 바라는 마음이 컸다. 하지만 능력 부족으로 직원들의 다양한 요구를 만족시키고 미리 앞서서 직원이나 회사가 만족할 만한 제도나 프로그램을 내놓는 일을 하지는 못했다. 그동안에 주택자금 지원, 자녀교육 지원, 자기계발 지원, 근무 여건 개선 지원, 동호회활동 지원, 장기근속자 포상 등 여러 가지 복리후생제도를 확대해왔지만, 기존과는 대별되는 근무제도 변경과 복리후생제도 실시 등 새 경영진이 추진한 것과 같이 더 앞선 생각이나 실천을 하진 못했다.

무엇보다 반가운 것은 직원들이 자발적으로 여러 가지 모임을 만들고 전사적인 관심과 노력을 기울여 불우한 이웃을 돕거나 지역 인재들을 위한 장학사업, 환경보호나 문화사업에 이르기까지 다양한 사회공헌활동을 펼치고 있다는 것이다.

이제 기업은 경영을 잘해서 일정한 성과를 내고, 직원들이 회사에서 성취감과 보람을 느끼게 하는 것만으로는 자기 할일을 다 했다고 할 수 없는 그런 시대를 살아가고 있다. 아무리 똑똑한 사람도 다른 사람과 협력하지 못하면 아무런 쓸모가 없는 것처럼 기업 또한 기업 내에서나 사회 전체에서 협력과 상생의 노력을 해야만 생존할 수 있고, 더 나은 미래를 꿈꿀 수 있다.

# 이제부터 시작이다

선친이 물려준 가업을 머지않아 아들인 오치훈 부사장이 이어나갈 것이다. 언젠가 기업을 물려주겠다는 생각을 하지 않았다면 거짓말일 것이다. 그러나 그만한 그릇이 못 된다고 판단했다면 나는 일찌감치 다른 선택을 했을 것이다.

나는 1998년에 위암수술을 받고 난 후에 조급한 마음이 들었다. 그동안 기업을 유지하느라 열심히 달렸지만, 이대로는 다음 사람이 무척 고생을 할 것 같았다. 그래서 IMF 위기를 넘기고 한숨 돌리자마자 서둘러 시설투자를 하고, 다음 사람들에 기업경영에 관한 여러 가지 권한을 점차 넘길 준비를 했다.

내가 예상했던 시기보다 아들의 경영 참여가 많이 늦어

세계 최대 가공철근공장인 평택공장 전경.

졌지만, 아들은 그 기간만큼 글로벌 컨설팅기업에서 제대로 쌓은 실력으로 대한제강의 새로운 변화와 도약을 이끌고 있다. 선배 경영인의 눈으로 냉정하게 보아도 오치훈 부사장은 수치에 근거한 기대 이상의 성과를 보여주고 있어 내심 믿음이 가고, 나로서는 내일의 대한제강이 기대되는 것도 사실이다.

치훈은 2001년 대한제강에 입사했는데, 사실 대학 때부터 겨울이 되면 공장에 데려가 고철 검수부터 자료 작성과

서류 정리를 시키곤 했다. 그 덕분인지 입사 이후 생각보다 실무에 대한 적응이 빨랐다. 2007년 부사장으로 승진해 대한제강에 새로운 분위기를 불어넣으며 조금씩 성과를 보이고 있다. 2010년에는 가공철근사업에 주력하며 철근제조기업에서 고객지향적 솔루션을 제공하는 기업으로 변화를 주도했다.

같은 해 상반기 신설된 세계 최대 가공철근공장인 평택공장 건설을 이끌었으며, 이듬해 평택공장에 연간 45만 톤 규모의 코일철근 압연공장 준공을 비롯해 고객사와 소통을 위한 서울영업소 이전 등 적극적으로 고객밀착형 기업으로의 발전을 주도하고 있다.

최근 우리 회사의 관리 시스템, 현장 환경 등 회사 전체 분위기나 근무환경도 많이 달라졌다. 이를 통해 회사 구성원들이 서로의 역량을 모아 더 크게 발휘할 수 있는 분위기가 형성되면서 회사의 경쟁력이 크게 높아졌고, 그것이 최근 몇 년 사이의 좋지 않은 경기 상황에서도 우리 회사가 꾸준한 성장과 발전을 이룬 원동력이 되었다고 생각한다.

그동안 오치훈 부사장이 나름대로 기업의 장기 비전을 세우고 단계적으로 일을 추진해나가는 과정에서 사실 나와

견해 차이가 없었던 것은 아니다. 오랜 기간 기업을 운영하면서 나도 모르게 보수적으로 안정을 추구하는 측면이 없지 않았기 때문이다. 그래서 뭔가 새로운 일을 시도하려 할 때마다 염려스러운 마음을 내비치거나 반대의견을 내놓았던 적이 제법 있다. 그러나 오치훈 부사장은 나를 끝까지 설득하고 결국 허락을 받아내 마음먹은 대로 실현해나갔다.

그렇게 내가 끝내 못 이겨서 실행하게 된 일들 대부분은 시간이 흐르면서 부사장의 제안이 옳았다는 생각을 하게 했다. 썩 내키지 않았지만 자식의 생각과 의견대로 입장을 바꿨는데 그것이 결국 나은 판단이었다는 것을 알게 되었을 때, 선배 경영인으로 혹은 아비로서 남모르는 즐거움을 느끼기도 했다. 어떤 면에서는 나보다 훨씬 앞선 안목과 치밀한 실행력을 갖추고 있어서 속으로 놀랄 때가 많았다. 그리고 지나온 시간 동안 여러 가지 면에서 생각이 깊고, 경영인으로서의 충분한 자질을 갖추고 있다는 것을 입증해 보인 점을 다행스럽게 생각하고 있다.

많은 난관을 이겨내며 기업을 경영해온 사람에게 가장 행복한 때는 다음을 잇는 경영인이 기대치 이상의 능력을 보여주고, 앞으로 충분히 잘해나갈 것이라는 확고한 믿음을 주는 순간이다. 아들이 가업을 이어받아 더 발전시킬 수 있는 자질이 된다는 것을 확인하고, 내가 미처 하지 못한 일을 대신해주는 것을 지켜보는 것은 굉장한 즐거움이고 보람이다. 나는 지금까지 그런 마음을 속으로 간직할 뿐 드러내고 칭찬한 적이 없었는데, 그럼에도 묵묵히 잘해준 새 경영진들이 고맙다.

대한제강은 최근 10여 년 사이에 예전과 비교할 수 없는 사상 최대의 경영 성과를 올렸다. 오형근 사장이 대표이사를 맡고 오치훈 부사장이 경영 일선에 참여했던 2001년에 우리 회사의 매출액은 1360억 원이었다. 이후 매년 매출이 증가해 2005년부터 약 3500억 원 수준을 유지하다가 2008년부터 매년 약 8000억 원의 매출액을 유지할 만큼 급성장했고, 2012년 매출 1조 원을 돌파하는 기업이 되었다.

금융위기에 따른 경영환경의 악화, 건설업계의 어려움에도 불구하고 최근 5년간 이렇게 매년 매출이 신장되고, 동종 업계에서도 비교적 우량한 재무 상태를 유지하고 있는 것은 새로운 변화와 혁신이 기업 전반에 탄탄하게 자리 잡은 덕분이다. 그동안에 우리 회사는 지속적인 시설투자로 생산능력을 확대해 업계 3위의 자리에 올라섰다.

그렇다고 앞으로의 전망이 늘 장밋빛인 것은 아니다. 원재료나 부재료의 원가는 계속 상승하는 반면, 글로벌 금융 위기와 국내 경기의 침체에 따른 건설 경기의 불황이 오래 지속되면서 기업 규모가 성장한 것에 비례해 수익성을 내기가 더욱 어려워진 것이 현실이다. 현재의 경기불황은 호경기와 불경기를 반복하던 과거와는 다른 면이 많다. 전 세계적인 경기침체와 저성장 기조가 긴밀하게 연관되어 있어서 복잡한 측면이 있고, 기업에 불리한 위기 상황이 장기화될 조짐을 보이고 있다.

이러한 상황들은 기업을 경영하는 사람들에게 더 넓은 안목과 현명한 판단, 조직관리나 위기관리의 능력을 갖춰야 할 것을 요구하고 있다. 또 매일 시시각각으로 변화하는 기업환경에 발 빠른 대응력을 갖추기 위해서 현실에 안주하지 않고 기업의 변화와 혁신을 일상으로 받아들여 실현해야 한다. 변화의 속도만큼 제대로 된 방향을 잡는 데도 소홀함이 없어야 한다.

기업가의 삶은 힘겨운 도전의 연속이다. 여러 사람이 도움을 주기는 하지만 결국 최종적인 결정을 내리고 그에 대한 책임을 홀로 감당해야 하는 길이 바로 기업가의 길이다. 앞으로의 세상에는 더 많은 도전이 기다리고 있을 것이고, 때로는 뼈아픈 실패의 고통을 감수해야 하는 순간도 있을 것이다. 사업을 높은 수준으로 끌어올릴 때마다 새로운 도전이 기다리고 있으니 한시도 마음 편할 날이 없는 것이 기업인의 삶이다.

이런 길을 자식에게 물려주어야 하는지 고민도 없지 않지만, 이미 주사위는 던졌다. 내가 그러했듯이 아들에게도 가업을 잇는 일은 숙명이고 사명이다. 그러나 한편으로 생각하면 아들이 가업을 이어가겠다고 결정한 것이 나로서는 고맙고 흐뭇한 일이다. 철강업이 워낙 거칠고 고된 일이긴 하지만 그만한 보람이 없지 않기에 한번 해볼 만한 일이기도 하다.

이제 대한제강의 미래는 오치훈 부사장을 비롯한 다음 사람들에게 달려 있다. 나는 염려하지 않는다. 지금까지 지켜보면서 이들에 대한 확고한 믿음을 얻었기 때문이다.

# 4부

# 순환, 안거낙업安居樂業

편안히 살고 즐겁게 일한다

## 죽음을 통해 삶의 가치를 본다

예전에 상갓집에 갔다가 "언제까지 살고 싶은가?"라는 질문을 받은 적이 있다. 가만히 생각해보니 일흔도 못 넘기고 죽으면 가족이나 주변 사람들이 섭섭해할 것 같았다. 그렇다고 너무 오래 사는 것도 썩 좋은 일 같지는 않았다. 문상 온 사람들이 '어지간히 사셨으니 돌아가실 때가 되었다'며 크게 아쉬워하지 않을 것 같은 생각이 들었다.

그래서 나는 일흔다섯 살까지만 살면 좋겠다고 대답했다. 그 정도면 너무 빠르지도 늦지도 않은 적당한 때라는 생각이었다. 또 그때쯤이면 내가 목숨처럼 소중히 여기며 평생을 걸었던 대한제강도 충분히 잘 굴러갈 것 같았다.

그후에도 나는 가끔씩 일흔다섯 살까지만 살다 가면 여

한이 없다는 말을 했다. 그럴 때마다 주변 사람들이 "사업하느라 평생 고생을 했으니 최대한 오래 살고 싶다고 해야 정상이지, 왜 그런 말을 하냐"며 섭섭해했다.

사실 나는 지금까지 암으로 두 번이나 큰 수술을 받았다. 그러니 이미 죽음에 대해 나름대로 깨달은 바가 있다. 인명은 하늘에 달린 것이니 사람이 아무리 욕심을 낸다고 되는 일이 아니다. 죽는 날까지 크게 후회할 일이 없도록 열심히 살았으면 그만이다. 사실 얼마나 오래 사는가가 그리 중요한 것은 아니다. 오래 살았다고 해서 꼭 잘 살았다고 말할 수 없고, 그렇지 않다고 못 살았다고 할 수 없다. 삶의 질이 중요하지 양이 중요한 것은 아니기 때문이다. 오히려 왜 사는지, 어떻게 사는 것이 더 의미 있는지는 생각조차 하지 않고 그저 오래 살아보겠다고 지나치게 자신만 챙기고 호들갑을 떠는 사람을 보면 그리 좋아 보이진 않는다.

겨울이 오면 들판에 난 풀들이 다 죽어버린다. 우리 눈에는 아무것도 없으니 풀이 죽은 것 같지만 사실은 죽은 것이 아니다. 새 풀이 날 자리를 만들어주는 것이다. 그래서 다음해 봄이 되면 풀이 죽은 그 자리에선 어김없이 새 풀이 돋아난다. 그런 자연의 섭리를 인간이라고 비껴갈 수 없는 것이다. 그런데도 나만 예외적으로 더 오래 살고 싶고, 사는 동안에 더 갖고 싶다는 마음으로 살아가는 것은 부질없는 욕심이다.

내가 이만하면 천명을 다했다 싶은 나이라고 생각한 것이 일흔다섯 살이었다. 그런데 이번에 일흔다섯 살 생일을 맞게 되었다. 그날 조촐한 생일 모임으로 가까운 사람들과 함께 저녁식사 자리를 가졌는데 감회가 남달랐다. 생각했던 나이보다 더 오래 살 수 있을 것 같은 나 자신이 너무나 행운아인 것 같고, 평소 마음을 주고받으며 지낸 사람들과 좋은 시간을 보내는 것도 아주 행복했다. 일흔다섯 살 이후의 내 삶은 신이 덤으로 준 선물이다. 그래서 나는 앞으로 그 덤값을 하며 더 많이 나누고 베풀며 살아가려고 한다.

사람들은 누구나 죽음에 대한 두려움을 갖고 있다. 죽음이라는 것은 경험해보지 못한 미지의 것이기 때문이다. 그래서 죽음을 생각하려고 하지 않거나 살 만큼 살고도 여전히 죽음을 두려워하는 사람들도 많다. 또 죽음에 대한 두려움 때문에 영혼의 존재를 굳게 믿기도 한다.

대부분의 사람은 평소에 먹고사는 일이 바빠서 죽음에 대해 진지하게 생각해볼 틈이 없다. 하지만 사고나 질병으로 죽음을 눈앞에 두는 경험을 하게 되면 많이 달라진다.

한 후배가 간이식수술을 받았다. 만일 간이식을 받지 못했다면 죽었을 사람이다. 다행히 수술은 성공적으로 끝났고, 그뒤로 그는 항상 남을 위해 뭘 해줄 수 있을지 생각하며 살고 싶다고 했다. 그 후배는 자신의 생각대로 동네에 크고 작은 모임을 만들어 봉사하는 일에 적극적으로 나서고 있다.

젊었을 때는 죽음을 잘 생각하지 않는다. 어떻게 하면 잘 살 수 있을까 하는 것이 주된 관심사이기 때문이다. 그러나 나이가 들고 가까운 지인들의 장례식장을 다니며 나도 언젠가는 죽음을 맞이해야 한다는 사실을 자각하게 된다. 삶에 대한 집착을 내려놓고 어떻게 하면 아름답게 자신의 생을 마무리할지 한 번쯤은 진지하게 생각하게 되는 것이다.

우리 삶이 유한하기 때문에 하루하루 주어진 삶의 시간들은 더없이 소중하다. 모든 세상살이가 그렇듯 우리는 서로 상반되는 것들을 통해 각각의 가치를 더욱 잘 알게 된다. 밤이 있어서 낮의 소중함을 알고, 죽음이 있기에 살아가는 나 자신의 존재 가치를 보다 확실하게 알 수 있다. 그러니 더욱 잘 살아가기 위해서 한 번쯤은 진지하게 죽음을 생각해보는 것이 결코 나쁜 일은 아닌 것 같다.

# 모든 일은 때가 있다

흔히 인생을 사계절에 비유한다. 조금 진부한 것 같지만 계절의 비유만큼 인생을 잘 설명해주는 것도 없다. 인생이란 매 순간에 일어난 일들만으로는 완결적인 의미를 가질 수 없다. 그것들이 서로 연결되면서 이 단계에서 저 단계로 넘어가며 발전해야 비로소 한 인생이 완성된다. 또한 그런 인생의 여정은 사계절을 순환하며 생명을 이어가는 자연의 법칙과 닮은 구석이 많다.

여린 싹이 트고 태양이 고개를 드는 봄은 우리 인생의 유소년기와 같다. 봄의 새싹은 아직 작고 여리지만 저마다 어디까지 자랄지 모르는 자기만의 가능성과 향기를 지니고 있다. 여린 봄의 새싹들이 그러하듯이 어떤 토양과 환경에서 태어났는가는 길게 보았을 때 그리 중요한 것이 아니다. 어떤 악조건에도 불평불만만 하지 않고 주어진 조건에서 오직 최선을 다해 자라면 그뿐이다.

여름은 사람으로 치면 성장하여 가정을 이루고 스스로 밥벌이를 하며 사회를 위해 열심히 일하는 청장년(青壯年)의 계절이다. 더운 여름날 사람들은 나무 그늘 아래로, 물가로 떠나지만 자연은 더할 나위 없이 바쁘다. 봄에 겨우 싹이 튼 씨앗을 키워 꽃을 피우고 열매 맺을 채비를 하기 위해 뜨거운 햇빛과 소낙비를 견디며 열심히 자란다. 칡덩굴에 온몸이 휘감기면서 햇빛을 향하는 힘찬 노력을 계속하는 나무들처럼 고난과 역경을 견디면서도 자신의 뿌리에 숨겨놓은 꿈만은 버리지 않아야 할 계절이 바로 이때다.

봄부터 온갖 노력을 기울여도 열매는 가을이 되어야 열린다. 젊은 시절에 갖은 역경을 이기고 매일 땀을 흘리며 노력하지 않으면 가을이 되어도 얻을 열매가 없다. 또한 젊음의 야망이 아무리 크고 성급해도 가을이 되어야 수확할 수 있는 것이다. 사람들은 흔히 젊음을 부러워하지만, 인생에서 가장 아름다운 순간은 장년(長年)기인 가을의 나이다. 장년기의 절정은 예순 살 정도가 아닐까 싶다. 그만하면 인생에서도 일에서도 완숙한 경지에 오르기 때문이다.

겨울은 노년의 계절이다. 겨울은 아무것도 남아 있지 않은 쓸쓸한 계절이지만 느리고 고요한 가운데 인생의 참의미를 찾아갈 수 있는 그런 계절이다. 결코 이제 아무런 쓸모도 희망도 없다고 불평하느라 시간을 허비해서는 안 된다. 겨울을 맞이하기 위해 한 해 동안 키워온 모든 흔적을 지우고 오직 씨앗만 남기는 나무나 풀처럼 우리는 스스로를 더욱 굳세게 가꾸어야 한다. 그리고 그 씨앗이 다시 사계절을 맞이하며 한 생명으로 자랄 것이고, 그의 새 시대를 열어갈 것임을 굳게 믿으며 자신이 이루어놓은 모든 것들을 철저히 놓아버려야 한다.

사계절을 통해 삶을 바라보는 것은 인생에는 저마다 때를 맞춰야 할 일들이 있다는 것을 깨닫는 과정이다. 봄에 돋아난 꽃이 바로 열매를 맺을 수 없고, 봄에 씨를 뿌리지 않고는 가을에 거둘 수 없다. 이런 자연의 법칙은 사람의 생애를 통해 나타나는 이치와 다를 것이 하나도 없다.

자신이 처한 계절과 관계없이 살아가는 사람은 언제나 후회만 남는다. 젊어서도 앞을 내다보지 못하고 뒤를 자꾸 돌아보는 사람은 여름의 계절에 가을을 사는 사람이다. 육체가 약해지고 정신적 순발력이 떨어지는 겨울의 계절이

주는 의미가 무엇인지 헤아리지 못하고 자꾸 한여름 같은 날들을 만들려고 욕심을 내는 것도 좋은 것은 아니다.

인생의 모든 계절은 저마다의 의미가 있다. 지나간 계절을 반추하며 쓸쓸해하거나 절망할 것이 아니라, 지금 내 앞에 다가온 계절에 충실해야 성숙한 인생을 살 수 있다.

봄이면 봄답게, 가을이면 가을답게, 그렇게 살아나가는 것이 중요하다. 중요한 것은 매 순간 그 상황에 맞게 성실히 살아가는 것이다.

한 뜻을 세우고 사업에 매진하는 것도 이와 크게 다르지 않다. 좋을 때도 나쁠 때도 모두 넘기며 내가 원하는 것을 성취하는 알맞은 때를 기다릴 줄 아는 마음이 중요하다. 또 각각의 시기마다 내게 주어진 의미들을 아무렇지도 않게 넘기면 모처럼 싹을 틔워도 열매를 얻지 못한다. 오래 빛나는 성공다운 성공은 오랜 기다림과 정성 끝에 얻어지는 것이다. 그렇게 순리대로 얻어진 진정한 의미에서의 성공은 시간을 넘어선 곳에 있다. 그래서 인생은 유한하지만 사업은 영원하다고들 하는 것이다.

# 더 큰 사랑을 주는 법

기업은 잘될 때도 있고 못될 때도 있다. 죽을 고생을 할 때가 있는가 하면 스스로 놀랄 만큼 성공적인 결과를 보게 되기도 한다. 그러나 그런 모든 일들은 지나고 나면 일장춘몽과도 같은 것이다. 나이가 들면서 젊은 시절에는 미처 보지 못하던 더 소중한 것들이 있다는 것을 알게 된다.

사업적으로 얼마나 성공했는가보다 더 중요한 문제가 바로 가정이나 자식들이다. 특히 마음대로 되지 않는 것이 자식들 문제인데, 자식 다섯이 모두 잘 자라서 각기 가정을 꾸리고 큰 탈 없이 잘 살고 있으니 나는 상당히 성공한 인생이다. 원래 내 성미가 자기 자랑을 잘 못 하는 편인데 내가 자식 복이 많은 사람이라는 이야기는 더러 한다.

사실 아이들이 한창 클 때, 사업하느라 워낙 바쁘게 살다보니 가족과 함께 제대로 된 휴가 한번 즐기지 못했다. 딸이 넷이나 되어도 애교를 받아줄 시간이 없었고, 자식들이 예뻐도 제대로 표현해본 적도 없다. 자식들보다는 오히려 동생들에게 더 마음을 쏟으며 살았기 때문에 요즘 들어서는 좀 미안한 생각이 들 때가 많다.

그래도 아이들은 모두 착실하게 자라주었고, 학업으로 속썩이는 일도 없었다. 물론 아내가 충실하게 아이들을 돌보았기 때문일 테니 지금 와서 생각하면 아내와 아이들에게 참 고마운 일이다.

역설적이게도 한 가지 내가 아이들에게 잘한 일이 있다면 지나치게 관심을 쏟거나 간섭하지 않았기 때문에 스스로 설 수 있는 자생력을 길러줬다는 점이다. 잘사는 집에 삼대가 없다는 말이 있다. 나는 맨손으로 자수성가한 아버지를 보고 자랐기 때문에 돈을 벌고 성공하는 것이 얼마나 어려운 일인지 잘 알지만 우리 아이들은 상대적으로 큰 어려움을 모르고 자랐다. 그래서 해달라는 대로 다 해주고 아쉬움 없이 자라게 하는 것이 결국은 아이들에게 독이 될 것이라는 생각을 많이 했다.

그래서 아이들을 키울 때 조금 불편한 것이 있어도 참고 견딜 수 있게 교육했다. 나나 아내가 워낙 그런 입장이 단호하다보니 딸들이 모두 결혼한 후에 시댁이 우리 집보다 훨씬 낫다는 반응을 보였다. 나는 그때 속으로 참 다행이라는 생각이 들었다.

늦게 얻은 하나뿐인 아들도 마찬가지였다. 어떤 문제든지 자기 스스로 해결할 수 있는 힘을 갖게 하기 위해 어릴 때부터 가혹하게 대했다. 어딜 가도 손을 잡고 다닌 적이 없었다. 언덕 같은 곳을 오를 때도 늘 앞장세우고, 힘들어 보일 때 뒤에서 엉덩이를 밀어주는 일은 있어도 손을 잡고 앞에서 끌어주지는 않았다. 아들을 제대로 키워야겠다는 마음을 먹은 뒤로 무정한 아버지 노릇을 하면서 사실 속으로는 많이 울었다.

아들이 대학교에 다닐 때 70일 정도 유럽 배낭여행을 가겠다고 한 적이 있다. 장손에 외아들인데 다른 집 같으면 반대를 하고 못 가게 했을지도 모른다. 하지만 나는 크게 어렵거든 전화하라는 말만 하고 두말없이 허락했다. 직장생활을 할 때도 어떻게 하고 있는지 한번 가보지 않았다. 내가 키운 대로 자기 일은 충분히 알아서 해낼 것이라는 믿음이 있었기 때문이다.

자기 자식이 귀하고 예쁘지 않을 부모가 어디 있겠는가. 자식이 소중한 만큼 부모가 제대로 가정교육을 시키지 못해 오히려 자식의 장래를 망치는 경우를 많이 보았다. 눈에 넣어도 아프지 않을 자식이지만 부모가 아이의 자연스러운 성장을 멀찍이서 지켜보고 마음이 아파도 아이의 자립심을 길러줄 줄 아는 인내심을 가져야 한다. 과거와 달리 요즘은 가정마다 아이가 한둘뿐이다. 부모의 사랑이나 보살핌이 넘쳐날 가능성이 높은 환경에서 아이들이 자라고 있다. 어릴 때부터 아이가 하고 싶은 것을 부모가 지체 없이 만족시켜주면 아이는 의타심을 키울 수밖에 없다.

세상은 아이가 원하는 것을 그냥 주는 곳이 아니다. 그러므로 참고 견디면 더 좋은 일이 생긴다는 것을 어려서부터 체득할 수 있도록 키워야 한다. 그러지 않으면 아이는 인생살이에서 마주치는 많은 장애와 시련을 견디지 못하고 쉽게 좌절하고 만다. 결혼하고 나서 신혼 초에 겪는 여러 가지 어려움을 견디지 못해 파경의 길로 가는 젊은 부부가 늘어나는 것도 그들 부모의 육아 방식과 무관하지 않다고 생각한다.

어려서부터 꼭 가르쳐야 하는 것은 타인에 대한 예의다. 우리 아이들은 어려서부터 제 엄마에게도 존댓말을 할 정도로 엄격한 예절교육을 받았다. 요즘 식당에 가면 다른 사람들은 아랑곳하지 않고 함부로 돌아다니거나 부모에게 막무가내로 떼를 쓰는 아이들을 종종 볼 수 있다. 그래서 옆 사람이 좀 야단을 치면 왜 자기 자식을 기죽이냐며 오히려 야단친 사람에게 항의할 정도로 아이들을 버릇없이 키우는데 그 아이가 커서 과연 세상을 어떻게 보고 살아갈지 걱정스럽다.

사랑이라는 이름으로 부모가 자녀의 일에 지나치게 간섭하거나 불필요한 충고를 하는 것도 좋지 않다. 아이들은 부모가 늘 도와줘야 한다고 생각하는 것은 어찌 보면 근본적으로 아이를 하나의 인격체로 생각하지 않는 횡포다.

장성한 자녀가 때로는 힘든 시기를 맞을 때도 있다. 이미 우리가 그런 인생의 굴곡을 겪어왔다. 사람은 아프면서 성숙해진다. 그런데도 부모가 다 큰 자식의 문제를 해결해주려고 나서면 문제는 더 꼬이고 서로에게 상처가 될 수도 있다. 아이들은 자기 스스로 살아가는 과정에서 배우고 깨닫는다. 그러니 자식의 인생은 자식에게 맡겨두어야 한다. 최선을 다해 아이들을 키우는 것만큼 중요한 것은 어느 순간에 자식의 손을 놓을 줄 아는 것이다. 사람이 다 완벽할 수는 없다. 그것은 부모라도 다를 것이 없다. 그런데도 일

일이 이래라저래라 하는 것이 과연 옳은 것인지 생각해볼 일이다.

자식을 키우면서 부모가 할 수 있는 것은 인생에서 큰 방향을 잡아주는 것이다. 자식은 부모의 말 몇 마디로 교육되는 것이 아니다. 부모가 살아가는 모습을 보면서 말 없는 가운데 배우고 익히는 것이 더 많다. 그래서 자식은 부모의 그림자를 보고 자란다고들 하는 것이다.

## 돈이 따라오게 하라

사람들이 나에게 부자여서 좋겠다는 말을 할 때가 있다. 하지만 나는 내가 부자라는 걸 별로 실감하지 못한다. 부자라고 해서 다른 사람들과 다를 것도 없다. 돈이 많다고 하루에 몇 끼씩 밥을 먹을 수 있는 것도 아니다. 많이 가지고 있을 때도 내 몫은 밥 한 그릇이고 별로 가진 것이 없을 때도 마찬가지였다.

인생에서 돈이 중요하다는 것은 사람에 따라 다양한 모습으로 그 사람을 지배할 수 있기 때문이다. 극단적으로 돈을 좇는 부유한 사람은 자신을 신격화하기도 하고, 또 어떤 가난한 사람은 돈은 사악한 것이라고 말하면서 경제적 무능을 덮거나 미화하려고 한다. 그러나 둘 다 결코 현명한 태도는 아니다.

엄밀히 말해 돈 자체는 아무것도 아니다. 돈을 가졌다고 결코 드러내고 자랑삼을 일도 돈이 없다고 무시할 일도 아니다. 돈을 조금 가졌다고 자만하거나 돈이 없다고 스스로를 깎아내리는 사람에게는 돈이 따라오지 않는 법이다. 적절한 돈을 가지면 세상에 할 수 있는 좋은 일들이 많아서 좋다. 지금은 내가 가진 돈이 없더라도 내게 필요한 만큼의 돈은 세상 어딘가에 존재한다는 믿음을 잃지 않아야 한다.

사실 내가 부자가 되겠다는 투철한 생각이 있어서 여기까지 오게 된 것은 아니다. 나의 목표는 돈이 아니라 생존이었다. 어떻게든지 형제들을 건사하고 처자식을 먹여 살리려는 일념으로 선친이 물려준 사업체를 운영하는 데 몰입하였고, 어려운 시기들을 넘어오는 과정에서 금전적인 보상이 자연히 따라주었던 것이다.

나는 집안에서도 기업에서도 가장 고독한 사람이 되는 것을 마다하지 않았고, 최종 선택에 대해 전적으로 책임을 지는 무거운 짐을 지고 살았다. 어떨 때는 그런 나의 위치가 몸서리치게 싫었지만 인내하고 잘 받아들이면서 사업적으로 성공한 사람이 될 수 있었다.

부를 이룬 많은 사람은 이런 남모르는 대가를 치르며 자신이 원하는 것을 얻었다. 살다보면 내 인생에 꼭 필요한 일이라는 강렬한 느낌으로 다가오는 그 무언가에 자신을 던짐으로써, 내 삶의 가치를 찾고 일정한 성취를 얻는 것이다. 주식이나 부동산만 쳐다보고도 돈을 많이 번 사람들이 있다고는 하지만 나는 그런 식으로 부를 축적하는 일에는 별로 흥미가 없다. 열심히 일을 해서 돈을 벌었다고 생각하지 않기 때문이다.

내가 사업가로 성공할 수 있었던 것은 집안과 회사의 모든 식구를 건사해야 한다는 책임감에 따른 노력의 결과였다. 이것이 전부다. 여기에 많은 사람의 인생이 걸려 있다는 생각으로 오직 한길을 걷다보니 금전적인 문제에서 자유로울 수 있었다. 어떻게 하면 돈을 더 많이 벌까 궁리해 본 적은 없다.

다만 나는 돈에 대해 늘 긍정적인 태도를 잃지 않았다. 경제적으로 매우 어려울 때도 나는 잠시 어려울 뿐이지 결코 가난하지 않다고 생각했다. 또 경제적인 고충을 늘어놓고 다니는 것을 경계했다. 고충을 토로하는 시간에 내가 왜 그런 상황에 빠졌는지 깊이 생각하고 교훈을 얻으면서 어려웠던 환경을 모두 넘길 수 있었다. 그런 태도는 돈 문제에 좀더 냉정할 수 있었던 힘이 되었던 것 같다.

세상사는 모두 상대적인 것이다. 내가 부자라고 생각해도 더 많이 가진 사람이 있고, 내가 궁핍할 때도 마찬가지다. 빈부격차라는 것도 시대와 환경, 사람에 따라 잣대가 다를 수밖에 없다. 그래서 돈 자체에 지나치게 신경을 쓰면서 살아가는 사람은 아무리 충분한 돈을 가지고 있어도 불행할 수밖에 없다.

돈이 많으면 사회적 규범 안에서 하고 싶은 대로 할 수 있는 힘이 생긴다. 그만큼 행동의 제약이 줄어들고 원하는 것을 쉽게 손에 넣을 수 있다. 그런 만큼 불필요한 욕망이나 쾌락에 빠질 가능성도 높다. 호화로운 장소에서 비싼 음식을 먹는 것이 삶의 목적이 될 수는 없다. 누추한 곳이라도 누구와 같이 먹고 시간을 보내는가가 더 중요하다. 너무 물질적인 것에 얽매여 살아가다보면 스스로 품위를 잃게 된다.

욕망과 쾌락은 빠져들수록 부족함을 느끼게 하는 속성이 있다. 하고 싶은 것을 마음대로 하기 위해 돈을 벌겠다고 생각하는 사람은 충분한 돈을 손에 넣고도 여전히 뭔가 부족하다는 느낌을 갖게 된다. 그리고 어떤 사람은 비교적 적은 돈으로 멋지게 인생을 즐길 줄 안다.

나는 돈이 있다고 쓸데없는 데 지출하는 것을 좋아하지 않는다. 수익이 나쁠 때나 좋을 때나 회사 운영에 드는 비용도 최대한 알뜰하게 하려고 노력했다. 그래서 우리 회사는 일회성 행사나 허례허식에 비용을 쓰는 일이 거의 없었다. 최고경영자인 나부터 작은 것 하나도 아끼니 직원들도 자연히 따를 수밖에 없다.

20년 동안 쓴 내 사무실 소파는, 몇 해 전에 회사 분위기를 전반적으로 쇄신하는 차원에서 바꾸자는 의견이 있어 어쩔 수 없이 허락했다. 또한 70년대 초 대한제강 입사 초기부터 사용하던 책상도 바꾸게 되었는데 나중에 알고 보니 그 책상은 서울 사무소 아들 집무실에 있었다. 그 정도 낡은 책상은 이미 쓰임을 다해서 버려도 되지만 서울까지 가지고 가서 사용하고 있을 줄 몰랐다. 책상의 값어치를 떠나 어떤 정신을 이어받고 싶은 아들의 마음이 보여서 한편으로는 고맙기도 하고 대견하다는 생각이 들었다. 이렇게 세상에는 돈으로 대신할 수 없는 소중한 것들이 많다.

# 균형감각

그리스 로마 신화에 보면 이카루스의 날개에 대한 이야기가 나온다. 최고의 장인으로 인정을 받았던 다이달로스와 그의 아들 이카루스는 미노스왕의 미움을 사서 감옥에 갇히게 되었다. 그런데 도저히 빠져나올 방법이 없어서 궁리 끝에 찾아낸 방법이 새의 깃털을 모아 밀랍으로 붙인 날개를 만들어 감옥을 탈출하는 것이었다.

그런데 한 가지 문제가 있었다. 너무 높이 날면 태양의 뜨거운 열 때문에 밀랍이 다 녹아 날 수 없게 되고, 너무 낮게 날면 바다의 습기로 인해 날개가 무거워져 추락할 수 있다는 것이었다. 그래서 아버지는 아들에게 적당하게 날라고 충고했지만, 감옥에서 나와 자유를 얻게 된 아들은 너무

신이 나서 높이 더 높이 날아 태양에 가까워졌고 결국 바다에 떨어져 죽었다는 이야기다. 이 이야기는 흔히 지나친 욕망이 화를 부른다는 교훈을 언급할 때 자주 인용하지만 나는 그보다 중용을 지키는 것이 얼마나 힘든지를 알려주기에 좋다는 생각이 든다.

살아가면서 여러 가지 면에서 적당한 선을 지키고 균형감각을 잃지 않는 것은 상당히 중요하다. 그러나 그것은 말처럼 쉬운 것이 아니다. 우리가 일상적으로 겪은 사소한 감정조차 균형을 잡고 처리하기가 참 어렵다. 화가 나도 금방 풀리는 사람이 있는가 하면 며칠 동안 화를 풀지 못하는 사람도 있다. 그러나 화를 낸다고 달라지는 것은 아무것도 없다. 자기감정도 상하고 상대방도 기분이 나쁠 뿐 누구에게도 덕이 되지 않는다.

적절히 조절되지 않은 감정이 지속되면 삶에 여러 가지 문제를 일으킨다. 그러나 억지로 분노나 슬픔 같은 감정을 억누르고 참아서도 안 된다. 억압된 감정이 무의식에 쌓여서 결국 적절치 못한 방법으로 폭발하게 마련이기 때문이다. 우리가 살면서 어떤 부정적인 감정을 느끼지 않을 수는 없겠지만 그것을 지속하는 시간은 마음먹기에 따라 얼마든지 조절 가능하고 평정심을 유지할 수 있다.

살아가면서 긍정적 감정이든 부정적 감정이든 과도하지 않게 마음을 유지하고, 특히 부정적인 감정이 오래 지속되지 않게 하는 것은 상당히 중요하다. 부정적인 감정을 잘 다스리지 못하면 결국 자기파괴로 이어질 수 있기 때문이다.

마음이 너무 약한 사람은 쉽게 비겁해진다. 그러나 너무 강한 사람은 만용에 빠지기 쉽다. 지나치게 절제하는 사람은 인색하기 쉽고, 매사에 관대한 사람은 낭비를 많이 하게 된다. 자신이 가진 한계와 타고난 능력 사이의 균형을 잡는 것도 상당히 중요하다. 이 두 가지를 적절하게 균형을 갖추지 못하면 무모하거나 무능력한 사람이 된다.

인생의 어떤 시점에서 치열함과 여유를 균형감 있게 발휘할 줄 아는 사람은 성공할 가능성이 높지만 그렇지 못하면 결국 중도에 좌절하기 쉽다. 너무 치열하게만 살아가면 더 큰 것을 받아들일 자리가 없어서 놓치고 만다. 과거와 미래 사이의 균형을 잘 잡지 못하면 현재를 허비하게 된다.

지혜로운 과거의 경험을 바탕으로 현재 위치를 제대로 파악하고, 미래를 닦아나갈 뿐, 과거에 얽매이지도 미래를 두려워하지도 않는다. 어떤 상황에서도 스스로를 믿는 사람은, 버릴 때 과감하게 버릴 줄 알고 놓아야 할 때 기꺼이 놓을 줄 안다.

성공을 생각할 때도 균형감각이 중요하다. 성공에 대한 목표의식이 지나치면 인생에서 그 자체로 자연스럽게 주어지는 행운을 놓친다. 다른 사람을 전혀 의식하지 않고 안하무인격으로 구는 것도 문제지만 모든 문제를 외부의 잣대와 기준에 맞추며 스스로 감옥을 만드는 것 또한 경계해야 한다. 실패는 고통스러운 것이지만 언제나 성공은 실패의 한 발짝 너머에서 모습을 드러낸다. 살다보면 달려들어 집중해야 할 사안이 있고, 길게 내다보고 끈기를 잃지 않으면서 접근해야 할 사안이 있다. 이 두 가지를 잘 조절하지 못하고 극단에 치우치면 일에서 성공할 수 없다.

세상 모든 일은 다양한 변수를 지니고 있으며 복잡다단하게 얽혀 있다. 그렇기 때문에 더욱더 필요한 것이 균형을 잡는 일, 즉 중용의 도를 체득하는 것이다. 인생을 충만하게 살고 싶다면 반대의 것까지 보면서 스스로 조절하는 힘이 필요하다. 사실 좀 빠르거나 늦은 것은 인생이라는 길고 긴 마라톤에서 그리 중요한 문제가 아니다. 정작 중요한 문제는 균형을 놓치고 조화로움을 잃는 것이다.

일과 삶의 균형이라는 것 또한 중요한 문제이다. 일과 가정, 개인의 내면과 사회적인 관계 사이에 적절한 시간을 배분하고 균형을 이룰 때, 우리는 만족스럽고 행복한 삶을 얻게 된다. 그러나 우리 세대에는 그럴 수 있는 조건이 되지 않았고 그런 분위기도 형성되지 못했다. 일 이외의 다른 영역에는 시간이나 노력을 기울이지 못하고 균형이 깨진 삶을 지속하다가 나이가 들면서 허무함과 허탈감에 빠지는 경우도 많았다. 이제는 시대가 많이 달라져 요즘 젊은 세대들은 '워라밸(work-life balance)'이라는 새로운 말을 만들어 흔하게 쓸 정도로, 일과 일 이외의 인생의 중요한 요소들에 대한 균형을 많이 잡아가고 있는 것 같아서 참 다행이다.

# 벗과 나누는 행복

최근 몇 년을 돌아보면 내 인생에도 이런 날이 있다는 게 믿기지 않을 때가 있다. 평생 사업에 열중하면서 오로지 회사밖에 몰랐던 나였다. 그런데 지금은 경영 일선에서 한 발 물러나 큰 틀에서 방향만 잡아주며 지켜보다보니 상대적으로 시간이 여유롭다. 덕분에 전에는 몰랐던 인생의 재미들을 새삼 알아가는 것 같기도 하다.

마음 맞는 친구들과 전보다 자주 만날 수 있는 것도 좋은 일인 것 같다. 돌이켜보면 내게 남은 가장 큰 자산이 바로 사람이 아닐까 싶다. 특히 마음 터놓고 지낼 수 있는 좋은 친구들이 가까이에 있다는 것은 상당히 행복한 일이다.

친구가 좋은 것은 편한 기분에 자기 자랑을 좀 해도 문제가 안 되고, 좋았던 이야기든지 나빴던 이야기든지 아무런 사심 없이 받아준다는 것이다. 이해관계로부터 자유로운 만남이기에 상대를 있는 그대로 받아주고 공감해주면서 서로 살맛나게 하는 존재가 바로 친구인 것 같다.

나이가 들면서 친구들은 각자 세파에 시달리며 모난 구석이 적당히 깎여서 그런지 그저 서로 보기만 해도 정겹다. 젊은 시절에는 반가운 마음 한구석에 시샘이나 부러움, 자기과시나 냉소가 숨어 있기도 했을 것이기에 어쩌면 나이 든 친구 사이가 더 순수한지도 모르겠다. 이제는 새파란 젊은 날의 풋풋함은 사라지고, 세월이 남겨놓은 주름 가득한 얼굴로 서로를 마주 대하고 있지만 지금이야말로 가장 친구다운 친구로 서로를 만나는 것 같다.

내 나이 또래의 사람들은 전쟁과 사회적 혼란 속에서 학창시절을 보냈다. 급변하는 사회에서 많은 굴곡을 겪었고, 험난한 환경을 용케도 헤치면서 살아왔다. 세월은 화살처럼 빠르게 흘렀고, 이제는 세월을 견디며 살아온 친구들이 만나 서로의 지난날을 위로하고, 생의 끝자락에 행복을 보태나간다. 세월이 흐르고 시간이 갈수록 달라지는 것이 너무 많은 세상이다. 그 속에서도 변치 않고 그 자리에 있는 친구들이 있다는 건 정말 행운이다.

우정의 소중함을 이야기할 때 흔히 드는 고사성어가 '관포지교(管鮑之交)'와 '지란지교(芝蘭之交)'이다. 둘 다 두터운 우정이라는 의미를 담고 있지만 성격이 약간 다르다. 관포지교는 미숙한 친구를 끝없이 이해하고 믿음으로써 결실을 맺는 우정이고, 지란지교는 곁에서 늘 서로를 편안하게 대하면서 함께하는 것만으로도 서로에게 힘이 되는 우정이다. 서로에 대한 남다른 이해나 믿음이 전제되지 않으면 친구가 될 수 없지만, 이 또한 좋을 때나 힘들 때나 늘 함께하는 사이에 쌓여가는 것이니 관포지교와 지란지교가 서로 다른 이야기는 아닌 것 같다.

노년에도 변치 않고 유지하는 우정은 서로의 추억과 눈물까지 보듬어 안으며, 나이 드는 일에 안달하지 않고 함께 웃으며 살아갈 수 있는 힘을 주기에 더욱 소중하다. 그래서 '친구 없는 인생은 목격자 없는 죽음과 같다'는 스페인 속담이 있는 건지도 모르겠다.

흔히들 나이가 들면서 인간관계가 점점 좁아진다고 말한다. 하지만 꼭 그런 것은 아닌 것 같다. 혈기왕성한 젊은 시절과 달리 세월이 흘러 나이를 먹게 되면 인간에 대한 이해의 폭이 더 넓어진다. 다만 스스로 벽을 치고, 한계를 지어버리는 것이 문제일 뿐, 마음먹기에 따라 얼마든지 더 풍부하게 인간관계를 맺을 수 있다.

풍부한 인간관계는 자신이 가진 지위나 배경, 재산 등에 자신을 가두지 않는 열린 태도에서 출발한다. 없어도 있는 척, 몰라도 아는 척, 속상해도 그렇지 않은 척하는 사람은 어느새 자기도 모르게 사람들에게 소외된다. 조건을 달고 자꾸 받으려고 할 때는 받을 수 없고, 먼저 주려고 할 때 오히려 얻을 수 있는 것이 바로 사람의 마음이다. 친구 사이도 마찬가지다. 스스로 먼저 마음을 열고 솔직하게 다가가야 좋은 친구를 얻을 수 있다.

다른 사람에게 호감을 얻고 존중과 사랑을 받고 싶다면, 먼저 그 자신이 다른 사람을 애정어린 시선으로 바라보고 존중하는 태도를 지녀야 한다. 나이가 들어도 이런 법칙은 변함이 없다. 하지만 나이가 들어도 자기중심적으로 생각하는 사람들은 이같이 간단한 원리를 깨닫지 못하고 우울해한다.

인간은 마치 제힘만으로 살아가는 것 같지만, 다른 존재들의 도움 없이 살아갈 수는 없다. '나'라는 것도 사실 나 하나만으로 이루어진 것이 아니고, 나 하나만으로 끝나는 것이 아니다. 이 세상에 홀로 존재할 수 있는 것은 아무것도 없다. 모두가 나와 나 아닌 그 무엇과의 연결 속에 살아가면서 자신의 생명력을 유지한다.

우리 안에는 쉽게 정의할 수 없는 불변의 진리가 존재한다. 태어날 때부터 갖고 나와 지금까지 살면서 지켜온, 그리고 죽을 때까지 함께할 진정한 자신의 모습은 변함이 없다. 그것은 자신이 가진 재산이나 장단점, 처한 환경으로 지워지지 않는 나만의 고유한 색깔이고 향기이다. 우정을 포함한 세상의 모든 진정한 관계는 각자 이런 색깔과 향기를 간직한 채 서로 어울리며 더 발전시키는 것이다.

유안진 교수가 「지란지교를 꿈꾸며」라는 시에서 이야기한 것처럼 "영원이 없을수록 영원을 꿈꾸도록 서로 돕는 진실한 친구가 필요"한 것이 인생살이가 아닐까 싶다.

## 멋지게 나이 드는 법

인생의 황혼기에는 누구나 지난 세월을 돌아보면서 허무한 느낌이 든다. 몸과 마음이 예전 같지 않다는 걸 거듭 확인하면서 스스로 초라한 생각이 들기도 한다. 이런 노년의 허무나 우울을 채우기 위해 과욕을 부리기 쉽기 때문에, 공자는 인생의 노년기에 가장 경계해야 할 것이 노욕이라고 하지 않았을까.

예전에는 안 그랬는데 나이가 들면서 왜 저러나 싶을 정도로 달라지는 사람들이 가끔 있다. 눈앞의 이익을 쫓거나 허망한 욕심을 부리면서 자신과 주변을 두루 괴롭히는 이런 사람들이 바로 노욕에 빠진 사람들이다.

지나온 인생의 모든 순간에 대해 겸손하고 감사하는 마

음을 가진 사람은 절대 노욕을 부리지 않는다. 노욕은 자신이 가진 것과는 별로 상관이 없는 것 같다. 크게 성공하고도 모든 일을 감사의 대상으로 삼는 사람이 있는가 하면, 아주 작은 성공을 하고도 자만심에 빠져 얼마 남지 않은 인생을 허비하는 사람도 있다.

사소하게는 자신이 모두 옳다는 생각으로 모든 일에 참견하고, 나 아닌 다른 사람은 전부 바로잡아야 할 대상인 것처럼 구는 것 또한 노욕이다. 나이가 들수록 다른 사람들의 말을 더 많이 들어야 하는데 그렇지 못한 것, 요청받지 않으면 되도록 자기 의견을 보태지 않아야 하는데 쓸데없는 이야기를 늘어놓으면서 자기중심적으로 되는 것 또한 경계해야 할 노욕이다.

노년은 복잡하고 시끄러운 세상살이에서 한발 물러나 자신이 놓친 것을 관조하면서 온전히 자기에게 집중하기 좋은 시간이다. 사계절이 모두 존재하는 이유가 있듯이 인생에서 노년의 시간이 있는 것은 이유가 있다. 늙어갈수록 육신의 힘은 점점 쇠약해지지만 영혼의 힘은 더욱 강건해질 수 있다. 그러니 젊음이 멀어진 것을 한탄하고 늙어가는 일을 지나치게 두려워할 필요가 없다.

사람은 죽을 때까지 배우고 성장한다. 인간의 성장이라는 것은 아주 단순한 것이다. 어제 모르던 것을 오늘 알게 되고 깨달으면 그것이 바로 성장이고 발전이다. 나이가 주는 깨달음, 젊은 시절에는 깨닫지 못한 삶의 지혜에 몰두하다보면 노욕을 부릴 여력이 없을 것 같다.

21세기 들어서 우리는 과거 어느 때보다 긴 수명을 선물로 받았다. 그만큼 나에게 새롭게 주어지는 소중한 날들이 더 많아진 것에 감사하며 하루하루를 보낸다면 나의 성장에도 도움이 되고, 주변에도 더 좋은 것을 많이 남기고 갈 수 있을 것이다.

인간의 욕망은 끝이 없다. 더 좋은 것, 더 나은 것을 자꾸 생각하다보면 영원히 만족할 수 없는 것이 인간이다. 젊은 시절에는 욕망이 인생에서 성취를 가져다줄 유익한 도구가 되기도 하지만, 나이가 들면 다소 부족하고 만족스럽지 못하더라도 모든 욕망을 내려놓는 지혜가 필요하다. 대신에 작은 것에도 감사하고 만족할 수 있어야 한다. 그리고 내가 미처 다하지 못한 일은 다음 사람들이 이루어줄 것이라는 믿음을 갖고 살아가는 것이 중요하다. 역사에 길이 남을 영웅호걸들도 한 시대를 풍미하고 나면 후대에 자리를 내어주고 조용히 사라진다. 범부의 삶을 살아가는 우리가 고집

하고 내려놓지 못할 이유가 무엇이겠는가.

인생에서 본인이 할 수 있는 만큼 최선을 다하며, 자기 인생에 충실했던 사람들은 나이가 들어도 지나친 욕심을 부리지 않는다. 오히려 주어진 여유로운 시간을 즐기고, 일상에서 새로운 감동을 발견하며 더욱 활발하고 낙천적으로 생활을 꾸려간다. 인생의 끝자락에서야 비로소 하루하루가 나에게 주어진 소중한 시간이라는 것을 절실히 느끼고 인생의 정수를 발견하는 것도 노년이 주는 선물이다.

인생은 각자 스스로가 죽는 날까지 쉬지 않고 만들어가는 것이다. 인생이란 살아 있는 동안의 총합이므로 죽는 그 날까지 누구도 완벽하게 인생을 다 살았다고 할 수 없는 것이다. 그리고 우리 인생에서 경제적, 사회적 성공보다 더 중요한 것은 내 삶의 의미를 스스로 발견할 수 있도록 마지막 하루까지 뜨겁게 철저하게 살았는가 하는 것이다.

# 부부로 산다는 것

요즘 젊은 부부들은 세세한 것까지 서로 의논하며 살아가지만 우리 세대는 그런 부부관계가 영 낯설다. 특히 우리 집에서는 아내와 나 사이에 역할 분담이 철저했던 만큼, 각자가 맡은 일에 대해서는 일절 간섭하지 않는 것을 불문율처럼 지켜왔다.

내가 워낙 바깥일을 얘기하지 않는 바람에 아내가 다른 사람들을 통해 어떤 일을 알게 되는 경우도 종종 있었다. 그래서 아내가 섭섭해한 적도 있었지만 나는 그런 태도를 버리지 않았다. 밖에서 일어난 골치 아픈 문제를 가정까지 끌고 가서 좋을 것이 없다는 생각이 확고했기 때문이다.

나쁜 것은 더 빨리 자라고 번지는 속성이 있다. 내가 조금 힘들다고 집에서 모두 털어놓으면 아내가 불안해지고 당연히 아이들도 영향을 받을 것이다. 그리고 내가 설령 그런 일들을 가정에서 의논한다고 해도 달라질 것이 별로 없다. 결국은 내가 해결해야 할 문제이고, 어떤 문제가 해결될 때까지 나 혼자 힘든 것으로 충분하다는 것이 내 생각이었다.

이렇게 일절 바깥일을 집에서 말하지 않고 물어도 잘 답하지 않다보니, 회사가 굉장히 어려울 때도 아내나 아이들이 모르고 지나간 적이 많다. 어쩌면 아내가 알고도 눈감고 넘어간 일이 많았을지도 모르겠다. 내가 하는 일에 아내가 시시콜콜하게 간섭하지 않았던 것은 나에 대한 믿음이 있었기 때문일 것이다.

나 또한 아내에 대한 믿음이 있었기에 가정에 관한 모든 것을 아내에게 철저히 맡겨왔다. 워낙 신혼 시절부터 일하는 부모님 대신 열 형제를 키우다시피 하면서 대식구의 살림을 알뜰하게 꾸려낸 아내이기에 사실 집안 살림에 관한한 내가 별로 참견할 것이 없었다. 부산사범대를 나와 교사생활을 했던 아내가 아이들을 키우는 일에는 나보다 훨씬 낫다고 생각했다. 맏며느리로 집안을 챙기기 바쁜 와중에도 아이들이 초등학교를 다닐 때까지 손수 가르치며 공부에 흥미를 붙일 수 있는 분위기를 만들었다.

아내는 평생 가정에 충실했다. 아이들을 키우는 동안에는 친구들 모임이나 여행, 취미생활도 한번 제대로 해보지 못했다. 아이들이 자라는 동안에는 늘 학교에서 돌아오는 아이들을 정성껏 맞아주고 챙겨주었다. 7, 8년간 어머니를 모시고 사는 동안에도 볼일이 있어 바깥에 나갔다가도 저녁 5시만 되면 어김없이 집으로 돌아오곤 했다. 아내가 경남여고 동창생들과 여행을 가기 위해 집을 비운 것은 아이들이 모두 장성하고 난 후의 일이었다.

그렇게 오랫동안 가정을 우선하는 생활에 젖어서 살다보니 이제는 마음껏 자기 시간을 즐겨도 구애받을 일이 전혀 없는데도 아직 이전의 삶에서 크게 벗어나지 못하고 있다. 스스로 마음이 불편해서 못 하겠다는 아내를 보면서 미안한 마음이 든다. 그리고 이렇게 아내가 충실하게 가정을 지켜준 덕분에 동생들과 아이들이 잘 자랐고, 아랫동서들도 본받아서 가정에 충실하려고 노력했던 것은 정말 고마운 점이다.

한평생을 살다보면 부부 사이의 사랑도 조금씩 색깔이 달라진다. 나이가 들수록 젊은 시절과 같을 수는 없지만,

아내의 키가 나보다 큰 편이어서, 사진사가 아내가 선 발밑의 땅을 조금 팠다.

아이들이 자라서 독립하고 나면 그제야 한시름 놓고 자신의 배우자를 있는 그대로의 눈으로 볼 수 있게 되는 면이 있다.

살다보면 힘겨운 날도 있고, 서로에게 화가 날 때도 있다. 그런 모든 시간을 함께 헤쳐나가면서 서로 맞추고 흔들리지 않는 믿음으로 살아가는 것이 부부다. 이런 부부관계가 있기에 혼자서 감당하고 해낼 수 있는 힘을 얻기도 한다. 그래서 살아갈수록 더 많이 서로 의지하게 되는 것이 부부 사이다.

돌아보면 아내는 늘 말없이 나를 믿고 지지하면서 곁을 지켜주었다. 그런 아내에게 나는 늘 받기만 했지 뭘 해준 것이 별로 없다. 하지만 나는 항상 아내에 대해 존경하는 마음을 갖고 있다. 아내는 가족들에게나 나에게나 세세한 부분까지 따뜻하게 챙기면서 보이지 않는 곳에서 많은 희생을 했다. 그런데도 여전히 삶을 긍정하고 세상을 밝게 보는 소녀 같은 면을 간직하고 있다.

부부가 오래 살다보면 자연히 서로를 닮아간다. 내가 워낙 말이 없고 무뚝뚝하다보니 아내도 성격이 점점 조용해졌다. 대신에 나는 아내로 인해 인생과 사람에 대한 따뜻한 시선을 가질 수 있게 됐다. 앞으로 우리 부부는 서로 어떤 점을 더 닮아갈까 궁금하다.

서로 닮아가는 부부는 그런대로 잘 살아온 부부라고 할 수 있다. 서로를 자기 마음에 들게 바꾸려는 데 에너지를 쏟기보다는 상대를 먼저 이해하고 맞추면서 살아가려는 노력의 결과가 서로 닮아가는 것이기 때문이다. 요즘 아내를 가만히 보고 있으면 나랑 서로 닮은 점이 많다는 것을 느낀다. 나보다는 아내가 더 많이 이해하고 맞추면서 살아왔기 때문일 것이다.

나도 이제 아내와 더 많은 시간을 보내려고 노력하면서

아내의 좋은 점을 닮아보려고 하는데 마음대로 잘되지는 않는다. 여전히 버리지 못하는 오랜 습관들 때문에 아내가 좋아할 만한 일을 행동에 옮기지 못하고 있다. 그나마 다행인 것은, 이제 둘뿐이고 시간적인 여유도 많이 생겨서 그런지 예전보다는 덜 무뚝뚝하고 조금씩 나아지는 것 같다는 아내의 평가를 듣고 있다는 사실이다.

평생 아우들과 자식, 회사를 위한 삶이었으나 정작 가족과 함께한 시간은 거의 없었다. 모처럼 우리 식구가 온전히 모여서 맥주를 마셨다.

# 고맙다, 인생아

세 명의 선비가 죽어서 염라대왕 앞으로 압송됐다. 염라대왕이 명부를 보니 세 명 모두 아직 죽을 때가 아닌데 저승까지 끌려온 것이었다. 저승사자가 실수로 명부에 적힌 시간보다 몇 년이나 빨리 잡아왔던 것이다. 죽은 시간이 꽤 지나 혼백을 붙일 육신이 사라진 것을 알게 된 염라대왕은 이 일을 수습하기 위해 세 명의 선비에게 각자 한 가지씩의 소원을 들어주기로 했다.

첫번째 선비는 집안에 포졸 한 사람도 없어서 권력에 원한이 많으니 다음 생은 권세가의 집에 태어나게 해달라고 했다. 그러자 염라대왕은 당대 최고의 정승 집안의 자식으로 태어날 수 있게 해주었다. 두번째 선비는 지난 생에서 원수 같은 가난 때문에 너무 고생을 했으니 부잣집에서 태어나게 해달라고 했고, 이에 염라대왕은 만석꾼 집안의 외아들로 환생시켜주었다.

마지막으로 세번째 선비에게 소원을 묻자, 자기는 부귀영화도 다 싫으니 경치 좋은 곳에서 아무 걱정 없이 마음 편하게 일생을 보내다가 천수를 다하게 해달라고 말했다. 그러자 염라대왕이 크게 화를 내면서 선비의 뺨을 때리며 "그런 곳이 있으면 내가 가겠다"고 고함을 질렀다고 한다.

조선시대에 묶은 고전소설 『삼설기三說記』에 담긴 「삼사횡입황천기三士橫入黃泉記」의 이야기이다. 남들은 어떻게 읽었는지 모르겠지만, 나는 권력과 부귀보다 행복한 인생에 이르기가 얼마나 어려운 일인지에 관한 이야기로 읽었다. 사람들은 흔히 부귀영화를 누리면 행복할 것이라고 생각한다. 하지만 권력자나 부자가 된다고 해서 저절로 행복해지는 것은 아니다. 그런 의미에서 보면 내 인생은 이만하면 꽤 훌륭하다고 생각한다.

나는 일곱 살 때 가난한 산골의 초가집에서 아버지 손을 붙잡고 대처로 나왔다. 식구들 밥 굶기지 않겠다는 일념으로 열심히 살다보니 기업을 일구었던 아버지의 마지막 유언으로 시작해 여기까지 왔다. 아버지가 남긴 기업과 형제들을 건사하기 위해 고통을 겪는 것을 마다하지 않으면서 내가 이루고 싶은 꿈을 모두 이루었다. 형제들도 자식들도 이만하면 훌륭하게 자랐고, 가정적으로도 행복하고 크게 아쉬운 것이 없으니 나만큼 복 많은 사람도 드물 것이라는 생각이 든다.

요 근래에 나는 내 인생에서 가장 행복한 순간을 살아가고 있다는 느낌이 든다. 그리고 내 인생에 감사하며 내가 가진 행복만큼 더 많이 베풀고 나누면서 남은 생을 살아가려고 한다.

인생의 의미라는 것이 철학자들처럼 머리를 싸매고 고민한다고 얻어지는 것이 아닌 것 같다. 매일매일 우리에게 다가오는 순간들에 충실하면서 스스로에게 구체적으로 묻고 대답하는 과정에서 쌓이는 것이 바로 인생의 참의미다.

세상을 살아가는 사람들의 태도에는 두 가지 방식이 있다. 하나는 목표를 설정하고 그것을 성취하기 위해 모든 난관을 헤치고 나가는 삶이고, 다른 하나는 마치 나무나 풀처럼 어떤 환경에 떨어지더라도 자신의 운명을 받아들이고 최선을 다하면서 자기 삶을 완성해가는 것이다. 어느 것이 옳다고 할 수는 없지만 나는 후자의 삶을 살았던 것 같다.

어쩌면 내 인생의 진정한 출발점은 아버지가 돌아가시던 때였던 것 같다. 나는 그때 아무것도 가진 것이 없었다. 아무것도 없었기에 더이상 잃을 것도 없었고, 더이상 물러설 곳도 없었다. 그렇게 모든 것이 부족한 상태에서 출발했기 때문에 나는 내 앞에 펼쳐지는 모든 세상에 도전할 수 있었다.

인생살이에서는 풍족함보다 부족함이 더욱 강력한 무기가 되는 것 같다. 상어는 다른 물고기들과 달리 부레가 없다. 부레가 없기 때문에 잠을 자면서도 꼬리를 흔들어야 바다 밑으로 가라앉지 않고 생명을 유지할 수 있다. 이런 태생적 악조건과 한계를 극복하면서 상어는 바다에서 가장 강한 물고기가 되었다. 사람의 인생도 마찬가지다. 완벽하지 않은 조건, 부족함이 많은 조건이 오히려 더 많은 것을 갖게 하는 기회가 될 수 있다. 또 아쉬움과 부족함이 있어야 감사할 줄 알게 된다.

아쉽고 부족한 것이 많은 인생이라도 간절히 열망하고, 흔들림 없이 자신의 열망을 실현하기 위해 계속 집중하고 노력한다면 누구나 원하는 것을 얻을 수 있는 것이 인생이다. 어느 만큼의 열망이나 집중, 노력이 필요하며 그에 따른 보상이 얼마나 따라올 것인지 하는 것은 결국 내 손에 달렸다. 그것이 어떤 모습인지 손에 잡을 수 있으려면 세월이 한참 걸린다. 더러 이미 손에 쥐었지만 잡힌 걸 모를 때도 있다. 우리가 할 수 있는 것은 다만 자기 앞에 주어진 생에 혼신을 다하는 것뿐이다. 그것들이 하나하나 쌓이면서 어딘가에 도달하는 것이 인생이다.

인생에 있어서 원하는 것을 얻으려면 반드시 따르는 것이 고통이고 실패다. 고통과 실패를 통해 벼랑까지 내몰고 난 후에 보상이 주어지며, 최악의 상황에서 우리는 더 큰 성장을 이룬다. 그러므로 실패가 됐든 성공이 됐든 우리는 도전해야 한다. 도전하지 않으면 실패하지 않겠지만 성공할 기회도 사라진다. 시간은 계속 흐르고 있는데 제자리에 머무르는 것이 본전이겠는가.

삶에서 우리 앞에 다가오는 고난이나 실패는 언제나 내가 감당할 수 있는 무게만큼 오는 것이다. 그러나 젊은 시절에는 이런 진리를 잘 보지 못한다. 내 인생도 모퉁이를 돌아설 때마다 기적처럼 선물이 하나쯤은 준비되어 있을 것이라고 믿는다면, 우리가 인생에서 겪는 고통의 무게가 조금은 덜할 것이다. 하지만 젊은 시절에는 이런 생각을 할 만큼 지혜가 성숙하기 어렵다.

우리의 인생은 정답이 없다. 낯선 곳으로 떠나는 여행처럼 내일은 또 어떤 풍경이 우리 앞에 펼쳐질지 모르는 것이 인생이다. 그 여행의 끝은 아무도 모른다. 내게 주어진 오늘에 최선을 다하다보면 한참의 세월이 흐른 후에야 우리는 인생의 의미를 깨달을 수 있다. 그리고 인생이란 참으로 신비한 여행이라는 사실도 깨닫게 된다.

인생에서 정해진 운명이란 것은 없다. "운명이란 닭장 속에 떨어진 매의 알과 같은 것이다. 스스로 닭처럼 평범하고 무료한 삶을 선택할 수도 있고, 매처럼 힘찬 날갯짓을 하면서 살아갈 수도 있다"는 순자의 말처럼 자기 인생의 그림은 결국 스스로 만들어가는 것이다. 자기 인생이 마음대로 되지 않는 것이 환경이나 다른 사람에게 원인이 있다고 생각하는 것만큼 어리석은 것은 없다. 우리 인생은 오직 스스로에 의해서만 보잘것없어질 수 있다. 그러므로 우리는 인생의 끝에서 아무런 핑계나 후회가 남지 않도록 살아야 한다.

## 사랑하는 아버지께*

하늘나라에서 편안하신지요.

벚꽃이 흐드러지게 핀 4월 만우절 다음날, 황망히 아버지를 보내드린 후 시간만 속절없이 흘러 오늘은 잎이 시리게 푸른 5월 20일. 이제 49재를 맞이하여 아버지를 완전히 이 땅에서 보내드리는 제를 올립니다. 벚꽃은 다 졌고 제 핸드폰 속 사진에는 아직도 아버지가 밝게 웃고 있네요.

어릴 때는 아버지를 참 무서워했어요. 별로 다정하지도 않고 늘 근엄하셨거든요. 나이가 들어 아버지랑 가끔 대화 나누면서 알았습니다. 아버지는 따뜻한 시선으로 거리를 두고 저희를 지켜보시는 분이라는 걸요. 가까이에서 다정하게 정을 표현하지는 않으셔도 저희가 스스로 일어서는 것을 지켜보시는 분이라는 걸 이제야 알았는데 아버지는 이제 저희 곁에 안 계시네요.

아버지의 삶은 한마디로 말하면 '책임감'이셨지요. 아버지는 정말 사회적으로도 가족적으로도 대단하셨어요.

---

* 이 글은 자녀들을 대표하여 큰딸 오민정이 작성하여 故 오완수 회장의 49재에 낭독한 편지이다.

많은 사람의 존경의 대상이기도 하셨지요. 온 가족의 든든한 성이었고 우산이었습니다만, 가끔 술을 드시면서 당신께서는 많이 외로웠다고 말씀하신 적이 있어요. 할아버지의 장남으로 한쪽 어깨엔 가족이 또다른 어깨에는 회사가 있다면서 그나마 온전히 자신을 위한 시간은 낚시를 하는 시간이어서, 그 취미를 60년간 가지고 있다는 말씀도 하셨어요. 그리고 보통 사람은 견디기 힘든 두 번의 큰 수술을 하시고 이겨내는 모습을 저희에게 보여주셨습니다. 어려움 가운데에도 일어나는 아버지의 성정을 우리가 그대로 닮아간다면, 우리 앞에 어떤 어려움이 닥쳐도 이겨낼 수 있을 것 같습니다. 아버지가 정말 우리 아버지여서 자랑스럽고 고맙습니다.

평소 아버지는 가족 간의 불화를 너무 싫어하셨어요. 다투는 다른 집안을 보면 절대 우리는 저러지 말아야 한다는 말씀을 입버릇처럼 하셨어요. 아버지가 안 계셔도 우리 집안은 절대 싸우지 않고 우애하면서 잘 지내겠습니다. 나중에 저희가 하늘에서 아버지를 만났을 때 칭찬받을 수 있도록 서로 양보하고 욕심내지 않고 잘 지내겠습니다. 장남이 회사일을 잘할 수 있도록 돕겠습니다. 올해 결혼 60주년이라고 어머니가 기대를 많이 하셨는데 무척 아쉽습니다. 그만큼 하늘에서 아버지가 어머니를 더 지켜주세요. 저는 이 땅에서 착한 동생들과 어머니를 잘 모실게요.

아버지, 이제 너무 아쉽지만 아버지를 하늘로 온전히 보내드리려고 합니다. 이 땅에서의 슬픔, 눈물, 한은 모두 두고 이젠 자유롭고 편안해지셨으면 좋겠습니다. 하늘나라에서 먼저 가신 친구들과 만나서 술 한잔 나누시고, 다리가 아파서 못 하셨던 낚시도 실컷 하셨으면 좋겠습니다. 그리고 우리들이 어떻게 사는지 지켜봐주세요.

멋진 아버지의 이름에 누가 되지 않도록 살겠습니다.

세상에서 가장 멋지고 훌륭한 우리 아버지가 되어주셔서 감사했습니다.

2022년 5월 20일

딸 오민정, 오은정,

오희정, 오유진

## | 오완수 회장을 추억하며 |

1962년 초 마산의 의무교육기지사령부 보충대에 햇볕이 들지 않아 침침한 내무반에서 완수 형을 처음 만나 군 생활을 함께하였습니다.

그때의 만남이 제 인생의 전환점이었습니다. 부산에 와서 취직을 하였고, 그 도움으로 오늘날까지 열심히 살아갈 수 있는 계기가 되었습니다. 따라서 형은 제 은인이었습니다. 부산에서 형과 60년 동안 많은 시간을 함께하며 잊지 못할 인연으로 이어졌습니다.

코로나가 발생하기 몇 해 전 형을 만나 앞으로 10년까지만 더 골프를 하면서 재미있게 살자고 서로 약속했는데, 무엇이 그렇게 바쁘셨는지 약속을 어기셨습니다. 형의 자서전에 글을 올리는 이 시간에 약속한 마음 서운한 마음 금할 수 없습니다.

형은 6, 70년대 그렇게 어려웠던 시절에 기업을 이어받아 뚝심과 정도 경영으로 위기를 극복하고 부산 제일의 기업으로 성장시켰습니다. 넘치지도 않고 모자라지도 않았던 형의 처신은 지금도 많은 사람의 귀감이 되고 있습니다.

이제 괴롭고 어려웠던 일들은 아들 치훈이에게 맡기시고 편히 영면하십시오.

끝없는 명복을 빌어드립니다.

지난 60년간의 만남에 감사했습니다.

형의 가문에도 큰 서광이 함께하기를 기원합니다.

2023년 2월 21일

장복만((주)동원개발 회장)

## | 오완수 회장을 추억하며 |

오완수를 만난 것은 경남중학교에서였다. 우린 10대부터 80대까지 우정을 함께 나눴는데, 완수는 덧없게도 먼저 떠나버렸다. 완수의 자서에 추억 한마디를 보탤 수 있어 벗을 잃은 허전함 가운데 다행이라면 다행이다.

오 회장을 떠올리면 그의 성품을 알 수 있는 묵직한 말 한마디가 기억난다.

"야, 명아 내가 똥을 끼고 10리를 가는 사람이야……."

'똥을 끼고 10리를 간다'니 내게 늘 했던 이 말은 언제 들어도 감동으로 다가온다. 오 회장이나 대한제강을 떠올릴 때마다 뇌리에서 떠나지 않는 말이다. 회사가 어려웠을 때가 여러 번 있었는데, 그럴 때마다 인내심으로 참고 버티며 간다는 이야기다.

중앙에 자리잡고 도움을 줄 수 있는 주위의 친구들이나 동창들이 많았다. 회사가 매우 어렵다는 것을 듣고는 내가 채근하여 친구들에게 도움을 구해보자 하고 같이 가던 길에 오 회장은 "도저히 자존심이 허락지 않는다"며 발길을 돌린 적이 있었다. 번듯하게 자리잡고 있는 친구에게, 가족에게도 아쉬운 말 한마디 없이 그 난국을 인내심

하나로 정면으로 승부를 걸고 돌파했었다. 그렇게 살려간 회사가 지금의 대한제강이다.

오 회장은 술을 좋아하는데 그렇다고 아무하고나 어울려서 술을 즐기는 성격은 아니었다. 친한 친구와 술을 마시는데, 나와는 그렇게 오랜 시간 함께했는데, 마신 술은 소주밖에 없다. 어느 정도 기반을 잡은 기업의 회장 정도라면 위스키 같은 선물도 들어오고, 식당에서도 좋은 술을 마실 법도 한데, 본인은 소주만 마셨다. 술자리에서뿐 아니라 성품 자체가 참 소박하고 검소한 사람이었다.

근 10년 전의 일이다. 동창 중에 유흥수라는 친구가 주일대사로 발령이 났을 때, 친구 몇이 어울려 격려해주자는 명목으로 일본 여행을 갔었다. 동경의 한 호텔에서 9천 엔을 주고 묵었다. 동경에서 우리나라 돈으로 10만 원도 안 되는 방에서 잠을 잤다. 당시 일본까지 와서 불쾌할 일을 만들지 말자는 생각에 내색하지 않았지만 나는 속으로 기분이 많이 상했었다. '도대체 이게 뭐냐, 한 기업체 회장이나 되는 사람이 이렇게 궁색을 떨어서야 되겠냐'는 생각이 들었다.

내가 잠시 회사의 일(감사)을 봐줄 때가 있었지만, 자기 호주머니를 털지 지갑에서 법인카드 한번 내미는 법이 없었다. 오랜 시간 밥을 먹고 술을 마셨지만 그때마다 오 회장이 아닌 오완수가 계산을 했었다.

세상을 떠난 지금에 와서 그때의 일을 돌이켜 생각해보니 그의 인격이 높아 보인다.

그와의 추억을 떠올리니, 이 좋은 봄날에 떠난 완수가 보고 싶다.

_이명(경남중 · 경기고 동창)

| 오완수 회장을 추억하며 |

오완수 회장과는 경남중학교 시절부터 인연이 있었습니다. 그러니까 까까머리 중학생 때부터 백발의 팔순이 되기까지 우정을 이어온 것입니다. 그뿐만 아니라 30대 때 부산시 경찰국장(지금의 경찰청장) 재임 시 오 회장의 선친께서 경찰국 자문위원으로 계셨기 때문에 나와는 대를 이은 인연이라 할 것입니다.

오 회장은 친구를 대함에 있어 넘치거나 부족함이 없이 늘 한결같았습니다. 일에 있어서도 늘 성실하고 빈틈이 없던 친구였습니다. 소규모의 중소기업에 불과하던 회사를 지금의 대한제강으로 키워낸 것만 보아도 알 수 있을 것입니다. 부산 지역경제에 공헌한 그의 공 또한 결코 과소평가해서는 안 될 것입니다.

그는 바다낚시를 좋아했지요. 낚싯대를 드리운 채 그 망망한 수평선을 바라보면서 오 회장은 인생을 관조했을 것입니다. 무거운 입과 그의 묵중한 행동은 아마도 그 넓은 바다에서 배웠을 것입니다. 그래서 그는 늘 사람들에게 신뢰감을 주었습니다.

내가 늘그막에 생각지도 않게 주일대사로 갔을 때 동경

까지 와서 술을 좋아하던 우리가 긴자 거리를 누비던 그 때도 이제 먼 옛날 전설처럼 내 가슴에 남아 있어요.

오 회장이 떠난 지 벌써 네 계절이 지났다고 하네요. 오 회장 잘 지내시는가? 터 잘 닦아놓으세요. 나도 곧 따라가리다.

_유흥수(4선 국회의원, 전 주일대사)

## | 오완수 회장을 추억하며 |

'철강 외길 50년' 오완수 회장의 삶은 국가 발전의 든든한 초석을 위한 헌신의 시간이었다.

대한민국 철강업계의 산증인으로 현장을 이끌며 우리나라가 철강 강국으로 자리잡는 데 든든한 버팀목이 되었다.

삶에 있어서나 기업경영에 있어서 정도를 걸으며 사셨던 분이기에 기업인의 한 사람으로서 존경스럽고 늘 귀감이 되었던 분으로 기억한다.

'따뜻한 철강맨'이라 불렸던 오완수 회장님은 지역경제 발전은 물론 사회공헌에도 모범적인 선례를 남기며 후배 기업인들의 큰 귀감이 되었으며, 요즘 같은 시대에 회장님의 인간적인 성품과 기업경영 정신은 나에게 많은 깨달음을 주었고, 그 뜻을 알기에 부끄럽지 않은 기업인이 되고자 다시 한번 다짐해본다.

_권혁운(아이에스동서(주) 회장)

지난 50여 년 오 회장의 인생은 화려하기도 했고 암울하기도 했다. 이립의 30대에 선친을 여의고 어려운 회사를 도맡아 갖은 고생을 하며 성공을 일군 그이지만, 빛날 때조차도 그의 곁에는 늘 고생의 그림자가 함께하는 것 같았다.

언젠가 제주도에 휴가를 갔을 때 밤새워 대화를 나눈 적이 있는데 오 회장이 망미동에 살던 시기에 고생이 심했던 것 같다. 이미 은행에 잡혀 있는 걸 제외한 개인 재산을 모조리 처분해 돌아오는 어음을 막는 데 보태는 등 할 수 있는 모든 방법을 다 동원하였으나 부도 위기를 넘기기엔 역부족이었단다. 도저히 도리가 없었던 오 회장은 부인에게 더이상 회사를 살릴 힘이 없어 부도를 피하기는 어렵다고 말했단다. 부인은 "첫애가 곧 수능인데 한 달만 버텨주면 그뒤부터는 어찌 되든 일이 닥치는 대로 감당해 보겠다"고 대답했단다.

피가 마르는 하루하루를 보내던 와중에 하늘이 도운 것인지, 회사 자금이 트이기 시작했고, 지금의 대한제강을 있게 했다고 한다. 이 말 끝에 그때의 심정이 북받쳤던지 오 회장은 눈물을 보였다. 그걸 듣고 있는 나로선, 그가 얼마나 어려웠을지 가늠조차 힘들었다. 그날 제주에서의 밤이 두고두고 기억난다.

그 위기를 돌파한 뒤부터 오 회장은 주변의 어려운 친구들은 물론 힘든 사람들을 많이 도와주었다. 오 회장은 내게 걸핏하면, 많은 동생과 식솔을 영원히 보살피며 살 것이라고 했는데, 애석하게도 안타까운 나이에 길을 달리했다. 그는 평생 남을 원망하거나 욕한 적이 없는 보기 드문 인격자였다.

_여인찬(해암회 회장)

| 오완수 회장 연혁 |

| | |
|---|---|
| 1939.10. 3. | 경상북도 의성에서 출생<br>아버지 오우영, 어머니 박기옥 |
| 1951. 2. | 부산 남일국민학교 졸업 |
| 1954. 2. | 부산 경남중학교 졸업 |
| 1957. 2. | 서울 경기고등학교 졸업(54회) |
| 1961. 2. | 고려대학교 경제학과 졸업(57회) |
| 1965. 9. | 대한상사 입사 |
| 1973. 9. | 부친 오우영 회장 타계 |
| 1975. 4. | 대한제강㈜ 대표이사 취임 |
| 1980.12. | 대통령 표창(제507785호) |
| 1985. 9. | 국민훈장 석류장(제2732호) |
| 1987. 3. | 국무총리 표창(제45863호) |
| 1988. 4. | 부산상공회의소 부회장 선임(13대~15대 부회장) |
| 1991. 1. | 대한제강㈜ 회장 취임 |
| 2015. 6. | 제16회 철의 날, '은탑산업훈장' 수상 |
| 2015. 7. | 부산상공회의소 126주년 창립기념행사, 특별공로상 수상 |
| 2022. 4. 2. | 타계 |

## | 대한제강(주) 연혁 |

1954. 6. ㈜대한상사 설립(대표이사: 오우영)
1959. 6. ㈜대한선재 인수 합병
1964. 5. 동래공장 준공
1969. 1. 강괴공장 준공(연간 3만 톤)
1970. 2. 압연 1, 2, 3, 5공장 준공. 철근생산 개시
1972. 8. 인발 및 산소공장 준공
1975. 4. 대표이사 오완수 취임
1980. 1. 신평 제강공장 준공(연간 12만 톤 규모 전기로 및 연속주조기 신설)
1989. 12. 신평 압연공장 준공(연간 25만 톤)
1990. 4. 본사 부산 신평공장으로 이전. 상호를 대한제강㈜로 변경
1999. 7. 대표이사 오형근 취임
2001. 4. 녹산 압연공장 준공(연간 40만 톤)
2002. 11. 전기로 제강사 최초 전사적자원관리(ERP) 프로젝트 완료
2003. 3. 신평 압연공장 합리화(연간 60만 톤)
2004. 10. 환봉, 마봉강 사업 철수 및 설비 매각
2005. 2. 신평 제강공장 합리화(연간 60만 톤)
2005. 10. 한국증권거래소 유가증권시장 주권 상장
2006. 5. 국제표준시스템경영상(ISSMA) 철강 부문 대상 수상
2006. 11. 'PI(Process Innovation)' 프로젝트 추진
2008. 1. 녹산 제강공장 준공(연간 80만 톤)

2008. 4. 종합물류 및 컨설팅 자회사 대한네트웍스㈜ 설립
윤리경영 선포
2008. 7. 4조2교대 교대제 전환
2008. 8. 녹산 압연공장 합리화(연간 50만 톤)
2009. 9. 안전보건공단, 무재해 목표 달성 인증 수여
2009. 12. 제46회 무역의 날 '1억 불 수출의 탑' 수상
노사상생협력 대통령상 수상
2010. 5. 평택 가공공장 준공(연간 12만 톤)
철근 원스톱 솔루션 서비스 '스타즈(STAZ)' 브랜드 출범
2010. 11. 제47회 무역의 날 지식경제부 장관 표창
2011. 6. 평택 압연공장 준공(연간 45만 톤)
2012. 1. 부산시 환경관리 우수업체 선정
2012. 11. 부산 고용대상 수상
2012. 12. 싱가포르 법인 설립
2013. 1. 미국 법인 설립
2013. 2. 베트남 법인 설립
2014. 1. 대표이사 오치훈 취임
2014. 5. 부산시 고용우수기업 선정
2014. 9. '프레임웍스(FrameWorks)' 브랜드 론칭
2015. 11. 제41회 국가품질경영대회 국가품질혁신상 생산혁신 부문 대통령 표창 수상
2018. 6. 신평 제강공장 폐쇄
대한제강판매㈜ 법인 전환
2018. 8. 녹산 제강공장 합리화(연간 100만 톤)
2020. 9. '와이케이스틸' 주식회사 지분 인수

해암 오완수(海巖 吳完洙)

1939년 10월 3일 경북 의성에서
아버지 오우영과 어머니 박기옥 사이에
열 형제의 맏이로 태어났다.

경남중학교, 경기고등학교를 거쳐
고려대학교 경제학과를 졸업했다.

1962년 11월 5일 이정자와 결혼을 하였다.

1965년 대한상사에 입사하여,
근 60년 동안 대한제강을 경영하였다.

2022년 4월 2일 타계했다.
슬하에 4녀 1남을 두었다.

# 철에서 삶을 본다

국제시장 노점에서 대한제강으로,
오완수 회장의 인생 이야기

초판 1쇄 2023년 4월 1일
초판 2쇄 2023년 4월 28일

지은이 오완수

편집 이경숙 정소리 김자경 | 디자인 윤종윤 이주영
마케팅 배희주 김선진 | 저작권 박지영 형소진 오서영
브랜딩 함유지 함근아 김희숙 고보미 박민재 정승민
제작 강신은 김동욱 임현식 | 제작처 한영문화사(인쇄) 경일제책사(제본)

펴낸곳 (주)교유당 | 펴낸이 신정민
출판등록 2019년 5월 24일 제406-2019-000052호

주소 10881 경기도 파주시 회동길 210
전자우편 gyoyudang@munhak.com
전화 031-955-8891(마케팅) | 031-955-2680(편집) | 031-955-8855(팩스)

인스타그램 @thinkgoods | 트위터 @thinkgoods | 페이스북 @thinkgoods

ISBN 979-11-92968-04-9 03320

* 아템포는 (주)교유당의 경제·경영·자기계발 브랜드입니다.